José Cristo Rey García Paredes

OUTRA COMUNIDADE É POSSÍVEL

Sob a liderança do Espírito

Dados Internacionais de Catalogação na Publicação (CIP)
(Câmara Brasileira do Livro, SP, Brasil)

García Paredes, José Cristo Rey

Outra comunidade é possível : sob a liderança do Espírito / José Cristo Rey García Paredes ; [tradução Jaime A. Clasen]. -- São Paulo : Paulinas, 2019. -- (Coleção tendas)

Título original: Otra comunidad es posible : bajo el liderazgo del Espíritu
ISBN 978-85-356-4540-8

1. Comunidade cristã 2. Vida espiritual I. Título. II. Série.

19-27394   CDD-248.8

Índice para catálogo sistemático:

1. Comunidade cristã : Vida cristã : Cristianismo 248.8

Cibele Maria Dias - Bibliotecária - CRB-8/9427

Título original da obra: *Otra comunidad es posible. Bajo el liderazgo del Espíritu*
© Publicaciones Claretianas, Madrid, 2018.

1ª edição – 2019
2ª reimpressão – 2021

Direção-geral:	*Flávia Reginatto*
Editora responsável:	*Vera Ivanise Bombonatto*
Tradução:	*Jaime A. Clasen*
Copidesque:	*Mônica Elaine G. S. da Costa*
Coordenação de revisão:	*Marina Mendonça*
Revisão:	*Sandra Sinzato*
Gerente de produção:	*Felício Calegaro Neto*
Capa e diagramação:	*Tiago Filu*
Imagem de capa:	*@ sun_tiger/depositphotos.com*

Nenhuma parte desta obra poderá ser reproduzida ou transmitida por qualquer forma e/ou quaisquer meios (eletrônico ou mecânico, incluindo fotocópia e gravação) ou arquivada em qualquer sistema ou banco de dados sem permissão escrita da Editora. Direitos reservados.

Paulinas

Rua Dona Inácia Uchoa, 62
04110-020 – São Paulo – SP (Brasil)
Tel.: (11) 2125-3500
http://www.paulinas.com.br – editora@paulinas.com.br
Telemarketing e SAC: 0800-7010081

© Pia Sociedade Filhas de São Paulo – São Paulo, 2019

Sumário

Introdução 5

1. Comunidades configuradas pela missão 9
   I. O "por quê?" da comunidade 9
   II. "Comunidade": *oikos* e contexto 16
   III. Comunidades de discipulado 26
   IV. Sete traços de uma comunidade configurada pela missão 30
   Conclusão 37

2. Comunidades-morada: espaços de comunhão 39
   I. Lugar ou "não lugar"? Morada ou residência? 39
   II. Compreender a biodiversidade: a comunidade como
      ecologia humana 45
   III. A comunidade dentro da "pericorese" divina 53
   Conclusão 65

3. Comunidades organizadas: o novo paradigma 67
   I. Novo paradigma organizativo e sua leitura evangélica 68
   II. Para a "conversão organizacional" na vida consagrada 76

4. Comunidades lideradas pelo Espírito: líderes e colaboradores 85
   I. Liderança inclusiva e colaboradores: mudança de paradigma 87
   II. Líderes e seguidores: para uma identidade criativo-narrativa 92
   III. Para uma liderança do "por quê?": associada à liderança
      do Espírito 100
   IV. Liderança na Igreja e na vida consagrada 105
   V. O método apreciativo (a visão) 112
   Conclusão 122

5. Comunidades diante do conflito: reconciliação transformadora 125

I. "Como quem vê o rosto de Deus": paradigmática da reconciliação dos irmãos 126

II. Oportunidade de transformação 128

III. Liderança para abordar os conflitos 135

IV. Rumo à transformação do conflito 139

6. Comunidades em transformação: voar, viajar, contemplar, sonhar ... 141

I. Programação ou processo de transformação? 142

II. Voar: como um trapezista ("deixar passar", "deixar vir") 145

III. Viajar: do egossistema ao ecossistema 147

IV. Contemplar: outra forma de ser e atuar 150

V. Sonhar em tempos de escuridão 153

Conclusão 157

Introdução

Estamos na sociedade da mudança, da reorganização permanente. A vida consagrada, apesar de sua tradição de séculos, não se viu isenta desse movimento. Também para ela chegou o momento de se reorganizar. E abordou este tema com discernimento, sabedoria e generosidade, apesar das normais resistências internas à mudança.

São muitos os institutos de vida consagrada que, nestes últimos anos, se submeteram a processos de reconcentração, denominados também de reorganização ou de reestruturação. Consistiram em fusão de províncias, supressão de comunidades, abandono de algumas obras, otimização de recursos. Nós todos conhecemos as causas: uma das principais é a diminuição de novas vocações e o consequente envelhecimento dos membros dos institutos; outra das causas é a secularização das sociedades e a diminuição do apreço pelas instituições religiosas tanto de educação como de saúde. Não poucos institutos, ao ver a pequena viabilidade apostólica das grandes instituições beneficentes, optaram pelo abandono e pela concentração em obras consideradas de muito mais importância missionária, especialmente com a atenção às periferias e a marginalização, como expressão de uma decidida opção pelos mais pobres.

O fato é que as circunscrições que até agora definiam os institutos (províncias ou inspetorias) se concentram em unidades mais amplas. Isto permite reduzir os centros formativos, otimizar o pessoal dedicado ao governo ou à liderança e reformular em termos mais amplos a ação missionária e a atividade econômica.

As dificuldades que surgem desta nova situação têm muito a ver com a cultura que cada uma das comunidades provinciais ou regionais precedentes gerou. Cada circunscrição não era unicamente geográfica, mas também cultural. A fusão faz com que essas culturas possam chocar-se entre si em momentos peculiares, sobretudo na tomada de decisões, na eleição dos novos líderes e na nova constituição das comunidades. Não obstante, os institutos foram mostrando uma notável magnanimidade e generosidade para enfrentar essas dificuldades e tentar superá-las, especialmente as gerações mais velhas, dado que as jovens – talvez por coincidências formativas ou de outro tipo – costumam ser mais adaptáveis.

A esta primeira reorganização, no meu modo de ver, deve suceder outra reorganização não de tipo estrutural, mas interna ou interior (teológica e espiritual), tanto em nível de comunidades como de pessoas. "Viver em comunidade" hoje não é fácil. Às vezes é tão difícil que preferimos "tolerar" nossas diversidades, mostrando-nos complacentes com um crescente individualismo, deixando cada pessoa em sua zona de conforto, tendo as reuniões prescritas, mas que pouco nos envolvem pessoalmente, dado que nelas abordamos temas superficiais e de mera gestão. Há uma tendência de cada um criar a própria comunidade virtual, com a qual se relaciona e conecta através da internet, da telefonia móvel, em constante intercâmbio.

De que nos serve a reorganização institucional se não abordamos seriamente a reorganização na própria comunidade local? É este o objetivo das reflexões que ofereço, depois de alguns anos de experiência e reflexão não só na Europa, mas também na América, Ásia e África. Por isso julgo que as minhas propostas podem ser válidas em qualquer lugar.

Desejo dedicar as páginas que seguem a esta "outra organização" comunitária. Ao nos referirmos a "uma comunidade sob a liderança do Espírito" – subtítulo do livro –, o fazemos com uma dupla intenção: o Espírito como o grande protagonista da comunidade e os membros da comunidade como colaboradores dessa liderança do Espírito, cada qual segundo seu próprio dom e ministério.

Neste livro tratarei de seis temas, que me parecem mais importantes e interconectados:

1) Comunidades configuradas pela missão;
2) Comunidades-morada: espaços de comunhão;
3) Comunidades organizadas: o novo paradigma;
4) Comunidades lideradas pelo Espírito: líderes e colaboradores;
5) Comunidades diante do conflito: reconciliação transformadora;
6) Comunidades em transformação: voar, viajar, contemplar, sonhar.

Em minhas reflexões sou devedor de uma ampla bibliografia – talvez não muito acessível – de pensadoras e pensadores de outras latitudes e também de outras confissões cristãs, que me ajudou a realizar a minha própria síntese.

José Cristo Rey García Paredes, cmf

1 Comunidades configuradas pela missão

I. O "por quê?" da comunidade

Quando se constitui uma comunidade religiosa, em que se pensa? No "como?", no "para quê?" ou no "por quê"?[1] Tenho a impressão de que, em não poucas ocasiões, as comunidades são o resultado parcial – pelo menos – da acomodação de pessoas um pouco difíceis e também da necessidade de cobrir postos de trabalho.

1. As biocenoses (comunidades de viventes) em nosso planeta

É certo que o nosso planeta é o hábitat de milhões e milhões de comunidades. Aonde os seres humanos vamos, criamos comunidades. As comunidades nos dão identidade, nos definem: minha tribo, minha família, minha cidade, meu trabalho, o clube ao qual pertenço, minha escola, minha igreja, meu templo... minha comunidade *on-line*. Há, além disso, comunidades de seres vivos. A ecologia nos fala de "biocenoses" – comunidades de viventes – e de "biótopos" – lugares onde os viventes estão. O campo semântico

---

[1] Simon Sinek, um estudioso da antropologia, em seu livro *Start with Why* [ed. bras.: *Comece pelo porquê*: como grandes líderes inspiram pessoas e equipes a agir. Rio de Janeiro: Sextante, 2018], expôs a sua teoria sobre o modo de converter-se em líderes efetivos que inspiram a mudança; ele o denominou "o círculo de ouro".

da palavra "comunidade" se estende em nosso tempo e se aplica com muitíssima frequência ao mundo dos negócios, da política, da universidade, da arte, das novas tecnologias.[2]

Na vida consagrada vivemos ordinariamente em comunidade. Nos inícios falávamos de "cenóbios", que é a mesma palavra que "biocenoses". O nível de satisfação por parte dos que formam as comunidades não é hoje, ordinariamente, muito elevado. Apesar da extraordinária resistência da instituição comunitária, o grau de desfrute e de pertença não é, contudo, alto demais. Atribui-se a São João Berchmans (1599-1621) a frase *"Mea maxima poenitentia vita communis"* (A minha máxima penitência é a vida comum). Deverá ser assim? Continua sendo assim?

Gostaria de lançar algumas propostas que nos ajudem a poder cantar com o salmo 133 a beleza da comunidade de irmãos e irmãs, a descobrir o caminho e o método para constituí-la como espaço de pertença, amadurecimento pessoal, inspiração, compromisso e gozo.

As nossas comunidades locais e provinciais necessitam entrar numa nova fase de reorganização interna, de genuína refundação; e não para tornar as coisas mais difíceis. É próprio da "inovação" sempre facilitar, tornar tudo mais simples, mais acessível, possibilitar o que, por diversas circunstâncias, parece impossível. E mais uma vez me pergunto: qual é o autêntico "por quê?" de uma comunidade de vida consagrada?

---

[2] Cf. BACON, Jono. *The Art of Community*. Building the new age of participation. Sebastopol: Reilly, 2012.

2. A comunidade, "presença missional"

O autêntico "por quê?" *não é aquilo que a comunidade faz por Deus, mas o que Deus faz pela comunidade e com ela.* Deus quer que suas comunidades se façam presentes em nosso mundo, na sociedade, nos povos e cidades, nos caminhos, nas comunicações.

Nós nos perguntamos: mas que tipo de presença? E a resposta é: "missional". O adjetivo "missional" recebe diversos significados: para uns, faz referência às "missões" tal como tradicionalmente foram entendidas; missional se refere ao que a Igreja *faz* pelos não cristãos, pelos afastados, pelos pobres; para outros, "missional" é simplesmente a última moda inventada para fazer a Igreja crescer (no âmbito de algumas igrejas da Reforma); finalmente, o termo "missional" faz referência a algo básico e profundo: ao que a Igreja *é*, ao seu ser mais íntimo. E só daí se compreende o sentido do que a Igreja *faz*.

Há, pois, duas formas de presença cristã e religiosa:

a) a que se caracteriza pela presença de Igreja e responde ao que a Igreja "faz"; esta forma de pensar é a mais frequente: a sociedade nos reconhece como pessoas de Igreja, pessoas de religião pelo que fazemos; e

b) a "missional" (não digo missionária para distingui-la da presença "missionária" no sentido mais clássico!), que se refere à presença de Igreja que deixa transparecer a "missão de Deus", o que Deus está fazendo e como está fazendo; é a comunidade testemunha da ação do Espírito de Deus.

O primeiro modelo de presença é *eclesiocêntrico*. O segundo é *teocêntrico* e *trinitário*. No *paradigma eclesiocêntrico*, a comunidade fica configurada por suas próprias ações, serviços, projetos a favor de Deus e do seu Reino. No *paradigma teocêntrico*, a comunidade se deixa configurar pela *missio Dei* ou *missio Spiritus*: o seu objetivo é "deixar Deus ser Deus" no meio de nosso mundo e colaborar com ele à medida que Deus o pedir. Este modo de presença de uma comunidade cristã ou religiosa é o grande recurso de nosso Deus para a evangelização da sociedade.

É a *missio Dei* – missão que tem nosso Deus-Trindade como grande protagonista – a qual configura e oferece a razão de ser da comunidade. A missão divina floresce como "Reino de Deus" já presente no mundo. Mas não significa que Deus faça tudo: a Igreja é chamada a ser "cúmplice", "agente", colaboradora da *missio Dei*, e não a atriz principal.[3] A missão não se realiza, sem mais, construindo igrejas, criando comunidades eclesiais, fundando comunidades religiosas em determinados lugares. Não se trata de comunidades que "fazem", que protagonizam a missão, mas de comunidades afetadas, comprometidas com a missão que o Espírito está realizando em toda parte.[4] David Bosch reconheceu, citando Jürgen Moltmann, que emerge um paradigma ecumênico e missionário:

---

[3] Cf. GARCÍA PAREDES, J. C. R. *Cómplices del Espíritu*: el nuevo paradigma de la misión. Madrid: Publicaciones Claretianas, 2015.

[4] Cf. HULL, J. *Mission-shaped Church*. A theological response. London: SCM Press, 2006. GARCÍA PAREDES, op. cit.

Hoje um dos mais fortes impulsos para a renovação do conceito teológico de Igreja provém da teologia da missão.[5]

3. A comunidade, graça e arte: na dança da Trindade

Deus é comunidade trinitária, e uma comunidade em incessante e misteriosa correlação, que os Padres da Igreja expressaram com a palavra *perichóresis*. Esta palavra nos fala de uma "mútua relação" permanente, da dança divina na qual cada pessoa se transforma na outra e se define, dando-se e recebendo-se.[6] Na vida consagrada, a comunidade pretende ser *imago Trinitatis*, como a Igreja. É a comunidade eleita por Deus (acontecimentos vocacionais!), que não nasce da carne nem do sangue, mas do Espírito. Mantém-na unida o fato de que seus membros compartem um mesmo carisma, com o qual foram agraciados e, a partir dele, a missão foi partilhada com a Santíssima Trindade.

Ser comunidade "ad instar Trinitatis" é graça e arte. É um dom que só se aprecia quando se cultiva e se está disposto a deixar-se penetrar e transformar por ele. Vejamos alguns aspectos da comunidade nesta misteriosa perspectiva.

O "*éthos* compartido" é uma causa ética pela qual vale a pena entregar-se, compartilhar com outros ou outras, apaixonar-se; é uma causa que entusiasma, afeta interiormente e aglutina. É uma "causa" pela qual se vive e se luta. É "uma razão de ser". Há comunidade ali onde existe um

---

[5] MOLTMANN, J. *The Church in the Power of the Spirit.* London: SCM Press, 1977, p. 7.

[6] Cf. ROHR, Richard. *Danza divina*: la Trinidad y tu transformación. Whitaker House, 2017.

éthos que congrega. Na vida consagrada o denominamos "carisma". E é porque todo carisma comporta uma dimensão ética, ainda que não possa ser reduzido unicamente a essa dimensão.

O carisma coletivo é reconhecido como um dom do Espírito que herdamos e que agora se desenvolve e expande entre nós. Entendemos que o carisma não é apenas uma tarefa a realizar (atenção aos pobres ou tarefas educativas ou de saúde), mas, antes de tudo, uma forma de sentir o nosso Deus e de nos sentirmos diante dele: em alguns casos, é o Deus Misericórdia, Compaixão; noutros, o Deus Palavra e Boa-Nova; noutros, ainda, o Deus libertador... É uma experiência de Deus compartilhada que nos faz comunidade à sua imagem e semelhança, dentro da limitação da experiência carismática. Essa forma peculiar de sentir-se diante de Deus nos situa num espaço eclesial e social próprio, no contexto. O espaço social e eclesial de algumas comunidades é o da marginalização; e o de outras, a educação ou a saúde; a evangelização explícita; a contemplação...

O *éthos* compartilhado gera comunidades extensas de vivência e de ação transformadora. Todo carisma autêntico contém um elemento "mágico" não facilmente descritível que enamora, assombra, polariza, faz sonhar e mobiliza para que os sonhos se tornem realidade. O que se expande e contagia não é uma teoria sobre o carisma, mas a sua magia misteriosa, que apaixona. O que constitui uma comunidade não é o trabalho que realiza, mas aquilo que a aglutina magicamente para que seus membros caminhem juntos, ombro a ombro, para uma meta comum.

Os que compartem um *éthos*, um carisma, são pessoas diferentes, livres, imprevisíveis. A complexidade das liberdades humanas em comunhão é tal que dela não se podem esperar resultados certos; nesses casos, não vale o "tem que ser assim!", mas apenas o "poderia ser assim!". A arte de criar comunidades não gera certezas, mas o complexo e misterioso resultado de uma interação de liberdades. Não acontece assim com a linguagem informática da programação: nesta é preciso ser exato, determinado, rigoroso e seus resultados, totalmente previsíveis.

O que constrói uma comunidade, ou a gera, não é o grupo bem programado – embora isto seja importante –, mas, sobretudo, as interações dentro dele. O Espírito da diversidade carismática e da comunhão é acolhido em toda autêntica comunidade cristã.[7]

Deus está ativo e vivo no mundo, nas congregações e nas próprias pessoas. E o Espírito nos introduz na *perichóresis* trinitária, que não é apenas *ad intra*, mas que acontece também *ad extra*. Trata-se da dança divina da missão.

---

[7] Para Newbigin, a Igreja deve ser entendida como "criação do Espírito Santo". Ela existe no mundo como um sinal do Reino criador e redentor de Deus, que está presente no mundo. A Igreja atua como sinal antecipador do futuro escatológico de Deus e do Reino redentor que já começou. Ao mesmo tempo, a Igreja atua como um instrumento da liderança do Espírito para que surja o Reinado redentor em todas as dimensões da vida: NEWBIGIN, J. E. L. *The Open Secret*: an Introduction to the Theology of Mission. B. Eerdmans Publishing, 1995; cf. VAN GELDER, Craig. *The Essence of the Church*: a Community Created by the Spirit. Grand Rapids: Baker, 2000; VAN GELDER, Craig. *The Ministry of the Missional Church*: a community led by the Spirit. Grand Rapids: Baker, 2007.

II. "Comunidade": *oikos* e contexto

O redescobrimento da *missio Dei* nos fez reconhecer que não é a comunidade que tem um programa missionário, mas que é Deus, o Deus da missão. Ele conta com a comunidade para levar a cabo o seu programa missionário.[8] Esta comunidade se caracteriza por ser um grupo humano que foi escolhido por Deus através de um acontecimento vocacional para formar com eles ou elas uma comunidade de discípulos-missionários de Jesus, ungidos pelo Espírito. A *missio Dei* é muito maior que cada comunidade local, a qual é um dos instrumentos vivos dos quais Deus se serve para realizar a sua missão na história. Espera-se, portanto, que em cada comunidade missional se veja de alguma maneira refletida a Trindade missionária que salva o ser humano e a criação, e instaura o seu Reino. E daqui surge uma questão decisiva para identificar uma comunidade cristã: como constituir e formar comunidades que colaborem na *missio Dei*? Que processos se hão de abrir para que isto seja possível?

1. Comunidades de Deus, configuradas pelo contexto

Na Igreja-mãe de Jerusalém se afirmava apoditicamente o protagonismo de Deus na construção da comunidade:

> Cada dia o Senhor lhes ajuntava outros a caminho da salvação (At 2,47).

---

[8] Cf. GARCÍA PAREDES, J. C. R. *Cómplices del Espíritu*: el nuevo paradigma de la misión. Madrid: Publicaciones Claretianas, 2015.

Era o Senhor que – como protagonista – configurava a comunidade de "um só coração, uma só alma e tudo em comum" (At 4,32).

As novas comunidades não eram "clones" da comunidade de Jerusalém. Cada uma delas ficava configurada segundo o contexto: uma era a comunidade de Antioquia, outra a de Éfeso, outra a de Tessalônica, outra a de Corinto etc.[9] Prevaleceu o modelo da Igreja como *oikos*, casa familiar, família extensa.[10] Depois se começará a falar de *par-oikia*, quer dizer, de "paróquias".

---

[9] Cf. LONGENECKER, Richard N. (ed.). *Community Formation in the Early Church and in the Church Today*. Peabody: Hendrickson, 2002; SMITH, Justin. Missional Communities and Community Formation: What does the New Testament have to say. *Missio apostolica* 21 (2013) p. 190-202. Richard Ascough prova que Tessalônica era uma comunidade "semelhante em sua constituição e estrutura a uma associação profissional voluntária": cf. ASCOUGH, Richard. The Thessalonian Christian Community as a professional voluntary association. *Journal of Biblical Literature* 119 (2000) p. 311-328; HARLAND, Philip A. *Associations, Synagogues and Congregations*: claiming a place in ancient Mediterranean Society. Minneapolis: Fortress Press, 2003.

[10] BREEN, Mike. *Leading Missional Communities*: rediscovering the power of living in mission together. Pawleys Island: 3 Dimension Ministries, 2013. A casa familiar era o espaço das relações pai, mãe, filhos, escravos, trabalhadores, negócios, associados. A "Igreja da casa" (Fm; 1Cor 16,19; Rm 16,6; Fl 2). A dificuldade era que as *oikos* estavam separadas umas das outras e também economicamente, daí a palavra *oikonomia*. Se – como se pensava – compartilhar recursos poderia arruinar a própria casa, o Novo Testamento defendia outro modelo: o de compartilhar recursos, ensinamentos, o da *koinonia*. E todas as coisas sob o único *Pater Familias* que ressuscitou Jesus dentre os mortos.

Isto significa que cada comunidade há de encontrar a sua "forma" própria, há de estruturar-se e configurar-se seguindo o modelo inspirado pelo Espírito em cada momento e adequado ao contexto.

A comunidade emerge como organismo vivo com enorme capacidade de adaptação. Por isso, não respondem a esse modelo de comunidade os costumes, que impedem qualquer inovação, baseados na expressão recorrente: "Sempre se fez assim", "Já foi tentado outras vezes e não deu certo".

A comunidade que renuncia a atrofiar-se, na qual não há lugar para pessoas que se arrogam privilégios de idade e de propriedade, é uma comunidade aberta para a inovação, para a assunção de uma forma "nova", aquela que o Espírito quer conceder neste momento, neste lugar, com estas pessoas, para que seja uma digna cúmplice em sua missão.

Para que isto seja possível, a comunidade há de ser conduzida através de um duplo processo: de crescimento em relações mútuas entre todas as pessoas que a constituem – sem excluir nenhuma! – e em interação com o meio ambiente urbano ou rural, cultural, biorregional, eclesial no qual a comunidade está situada e ao qual foi enviada.

O que não deve acontecer é que o contexto interno das pessoas mude e tudo continue igual, como se nada tivesse ocorrido; ou que o contexto cidadão, social, eclesial mude e a comunidade continue sendo *a mesma*, a de sempre. Ser *a mesma* implica fazer com que a lei, as normas passadas, os projetos de comunidade anteriores se imponham ante qualquer novidade; que "o estabelecido" seja mais importante que as pessoas concretas.

2. Oikos: a casa da missão

A expressão neotestamentária *oikos* não só fazia referência à família nuclear mas também ao sistema de "família extensa". A *oikos* foi para as comunidades do Novo Testamento um autêntico centro de missão.[11]

A *oikos* era o centro litúrgico, por assim dizer: a família extensa se reunia em torno da mesa para a "ação de graças", para celebrar a Eucaristia. Era o lugar e o momento da reunião comunitária ou a *ekklesia*, mas também o ponto de lançamento missionário.

Oikos é a palavra grega para falar da família extensa que funciona com um objetivo (propósito) comum. Na Igreja primitiva, o discipulado e a missão giravam sempre em torno do florescimento da *oikos*. Ela foi o veículo que facilitou a dinâmica das relações e possibilitou que a Igreja sobrevivesse no meio da perseguição e das dificuldades durante centenas de anos.

Por que não dizer que a *oikos* ajudará também hoje a Igreja a sobreviver e superar qualquer tipo de perseguição ou dificuldade? Nos últimos cem anos, o Ocidente veio perdendo o sentido de família extensa. A casa é a da "família nuclear": por diversas razões abraçamos a fragmentação da família extensa e o individualismo consequente que uma compreensão nuclear da família comporta. A isto se acrescenta o dado terrível da proliferação de famílias "monoparentais". E como resultado disso há a solidão, a depressão,

---

[11] Cf. BREEN, Mike. *Leading Missional Communities*. Rediscovering the power of living in mission together. Pawleys Island: 3 Dimension Ministries, 2013.

o estresse e a superocupação. Muita gente sente que sobrevive submersa num mar de imensas tarefas com a cabeça emergindo do afogo e buscando ansiosamente algo semelhante ao sentido da vida. Por isso, mais do que nunca, necessitamos "da casa", da família extensa.

Falar de "comunidade missional" é descobrir a Igreja como *oikos*, como família extensa "em missão": nela cada um contribui para a missão e cada um é sustentado e apoiado pela comunidade. Nós que seguimos Jesus, temos a oportunidade de reconstruir a sociedade por meio de famílias extensas, quer dizer, comunidades baseadas não na carne nem no sangue, mas em Jesus.

Ser Igreja *oikos* é algo que se há de aprender: *ser famílias que funcionam juntas em missão com Deus*. A comunidade como *oikos* é a proposta do Espírito de Deus para nosso tempo, para a vida consagrada, para a missão de Deus em nosso tempo, que tenta restaurar a habilidade da Igreja para dar muito fruto.

O objetivo não é fazer funcionar um programa chamado "comunidade missional", mas aprender como funcionar sendo família extensa em missão. E algo que qualquer um pode aprender. A *oikos* é o veículo que leva. Mas é necessário saber "para onde" e "como conduzi-la, liderá-la". Nunca esqueçamos de que um pequeno grupo de pessoas dedicadas seriamente pode mudar o mundo.

3. Comunidade é verbo, não substantivo

Um pequeno grupo de pessoas, unidas não principalmente pela carne e pelo sangue, mas pela chamada de Deus a seguir Jesus e o Espírito, não é um dado da natureza, é um processo. A comunidade não surge por geração espontânea, nem é constituída de forma permanente. É necessário entrar num processo de relações mútuas, de acomodação de uns com outros, de criação de sinergias. Quando não se consegue isto e só persistem as divisões, as críticas, as lutas pelo poder, então a comunidade não se forma, mas se deforma, torna-se monstruosa.

Cada vez que se constitui uma comunidade, dá-se um novo início. Dentro da vida consagrada, este momento costuma coincidir com a eleição de um novo líder, a cuja guia se confia a comunidade ou, inclusive, a integração de novas pessoas nela.

O processo de formação da comunidade deveria iniciar-se, sempre, com um *mútuo reconhecimento vocacional*. Todos os membros da comunidade são reconhecidos enquanto pessoas chamadas e convocadas pelo Espírito para formar uma comunidade de discípulos e missionários. Ninguém fica excluído. Todos são reconhecidos em sua dignidade de chamados por Deus e ungidos pelo Espírito.[12] Este processo de formação da comunidade requer cuidado, atenção, liderança, e, obviamente, mais no princípio que no final.[13] É necessário criar um tramado de pessoas, o corpo com todos e cada um dos membros, sem mutilações.

---

[12] Nas primeiras comunidades não só eram necessários Pedro, Paulo, mas também Barnabé, Silas, Priscila e Áquila, João Marcos, Timóteo, Tito. Em Rm 16 podemos ver com quantas pessoas Paulo contava.

[13] Cf. BREEN, op. cit.

Depois, seria necessário localizar e situar de novo a comunidade no projeto geral do instituto, no provincial da província e no local, onde se encontra. A comunidade não é um ente absoluto que há de ser convertido em centro intangível da cidade, da paróquia, da diocese. A comunidade é, por essência, missionária. Há de ser configurada como comunidade de "enviados" da peculiaridade de determinado carisma. Há de responder à idiossincrasia do povo, da biorregião em que se encontra inserida. Por isso, a comunidade não é uma realidade abstrata, uma espécie de coisa que se repete cá e lá. A comunidade é necessariamente diferente cada vez que se constitui e em cada lugar em que está localizada.

Desse modo, a comunidade vai criando uma espiritualidade própria, uma experiência de Deus compartilhada, uma missão conjunta. Se isto não acontecer, a comunidade perde a sua razão de ser como comunidade do Espírito, comunidade de Jesus, comunidade religiosa.

A nossa pequena comunidade, fruto das relações de comunhão, é algo através do que fazemos melhor a grande sociedade, nossa Igreja, nosso instituto. Nossas comunidades precisam assumir um novo rosto, ser lugares de paz, de alegria, de capacidade criadora. Não faz mal fazermos uma chamada à refundação comunitária.

Os passos para essa profunda renovação poderiam ser os seguintes:

- Inauguremos nossa comunidade! Construamos a comunidade como eleita por nosso Deus. Relancemos a comunidade à sua utopia, à sua missão. Preparemos o seu nascimento, celebremos o seu nascimento. Inaugura-se a comunidade com a preparação de um projeto comunitário sério. Neste projeto estão os nomes de cada pessoa. Todas são reconhecidas como membros de pleno direito, como eleitas de Deus, seguidoras de Jesus, ungidas pelo Espírito.

- Cuidemos das raízes da comunidade local! Evoquemos a sua história anterior, as pessoas que antes a constituíram. Valorizemos a sua localização geográfica: o lugar em que se encontra, as ruas que a cercam, o lugar onde se localiza. Esse espaço é importante. Há de ser convertido em *bio-topo*, lugar de vida. Contemplemos nossos vizinhos, as casas que nos rodeiam, as comunidades humanas com as quais partilhamos o espaço, a cidade em que nos encontramos. Tudo isso merece ser aludido, ao menos em nosso projeto.

- Façamos o possível para criar um "eu" coletivo, um "nós" do qual ninguém fique de fora, no qual todas as diferenças sejam assumidas e integradas. Lutemos pela beleza e harmonia do conjunto, fazendo do amor a nossa arma mais poderosa. Que tenhamos por axioma a participação de todos, o respeito a todos, a busca da amizade. E Jesus aparecerá no meio de nós, nesse espaço psíquico comum.

- Cuidemos da casa e de cada um de nossos quartos! Enchamos a casa de vida e de recatada beleza! Façamos dela o nosso hábitat anelado, nosso lar.

Abençoemos cada quarto, cada sala, cada escritório, cada corredor. Ponhamos no centro a Morada de nosso Deus, o tabernáculo, a Casa do Encontro. Aquilo que não for "minha casa", que me for alheio, que me estiver proibido ou fechado, fica subtraído da beleza da casa comum.

- Que nossa casa-comunidade não seja uma fortaleza inexpugnável, mas um espaço para a hospitalidade e o encontro, a casa das portas abertas, da acolhida.

- Instauremos na comunidade um ritmo celebrativo e lúdico, no qual possamos festejar a gratuidade e encher de sentido o nosso tempo: festas, descansos, celebrações... Que nossa comunidade possa exprimir-se num sinal, num símbolo, numa imagem.

E isto vale também para as comunidades contemplativas. A eleição de uma nova priora ou abadessa, prior ou abade, é a oportunidade para reiniciar, refundar a comunidade. É isto também o que se espera da Igreja com a eleição de um novo papa, ou da diocese com a eleição de um novo bispo, ou de uma paróquia com a eleição de um novo pároco.

É assim que o Espírito renova, refunda, reinicia, reforma uma comunidade.

4. Comunidades interministeriais a serviço da "única missão"

"Há na Igreja unidade de missão e pluralidade de ministérios" (*Apostolicam actuositatem*, n. 2). Por isso, numa

OUTRA COMUNIDADE É POSSÍVEL

comunidade não há diversas missões, mas uma só. O que há são os diversos ministérios. A educação ou a saúde não são duas missões distintas, mas dois ministérios a serviço da única missão. Portanto, uma comunidade configurada pela missão pode estar formada por pessoas que a levam adiante a partir de diversos ministérios. O elemento unificador da comunidade é a "missão única".

Uma comunidade missionária não se confunde com o grupo de pessoas às quais foi confiada uma tarefa, um ministério. O próprio de uma comunidade de discípulos e missionários é que *todos*, sem a menor exceção, sabem e sentem que são colaboradores e cúmplices da missão do Espírito. Por isso é muito importante reconhecer em cada comunidade os grupos ministeriais.

Estruturar uma comunidade é uma das tarefas primordiais para descobrir aquilo do que uma comunidade é capaz. E como estruturá-la? Em equipes! Fazendo da divisão a oportunidade para a mútua colaboração! Uma equipe é uma unidade competente para realizar algo. Por exemplo, umas pessoas podem ser uma equipe de oração e súplica; outras podem formar uma equipe de hospitalidade e acolhida; outras formam uma equipe educativa, ou sanitária, ou de evangelização. Como unidade de competência, uma equipe é parte de uma comunidade mais ampla que persegue uma finalidade conjunta. As equipes hão de juntar-se como as peças de um quebra-cabeça; para isso, necessitam comunicar ideias, compartilhar relatos, influenciar-se mutuamente.

Uma equipe não é a mesma coisa que um grupo de "amigos ou amigas", ou um *lobby* de poder e pressão. Estes, sim, são uma ameaça para a comunidade. Enquanto as equipes favorecem a transparência comunitária, os grupos e *lobbies* funcionam para a opacidade e o boato.

A comunidade se constitui como grupo de pessoas apinhadas em torno de uma única missão compartilhada.

O fluxo de informação ou comunicação entre grupos é complexo e difícil. É importante que os grupos se comuniquem do coração do carisma, do *éthos* compartido. É importante que todos sintam que contribuem para a realização do sonho carismático. E que se crie um clima de confiança adequado para que a comunidade possa desenvolver-se.

> Pôr-se juntos é um começo. Manter-se juntos é progresso. Trabalhar juntos é êxito (Henry Ford).

III. Comunidades de discipulado

Por onde começar? O que necessitamos conhecer? Quais as ferramentas práticas de que precisamos para ter possibilidades de êxito?

Há alguns princípios fundamentais não negociáveis.

1. Comunidades de discípulos para fazer discípulos

É um erro pensar que estas comunidades são um modo de obter pessoas para os projetos de serviço esporádicos. Devem ser comunidades onde o discipulado acontece; senão, nunca serão *oikos* nem se multiplicarão de maneira sadia. São uma família onde se tenta criar certa forma de cultura: cultura de discipulado (*discipling culture*). Esta cultura é como a água para o peixe, a terra para a planta: o meio no qual tudo existe.

E assim como há uns terrenos mais férteis que outros, assim ocorre também com as culturas de discipulado. O discipulado é como um "ecossistema" para as comunidades em missão. Se esta cultura existe, o grande projeto será "fazer discípulos". Porém, Jesus disse que ele "edificará a sua Igreja" (Mt 16,18).

A tarefa que o Senhor Ressuscitado nos encomendou é "fazer discípulos" (Mt 28,19-20). Costumamos pensar e agir contrariamente: edificamos a Igreja para depois fazer discípulos. É o oposto: nosso trabalho é "fazer discípulos" e o de Jesus, construir a sua Igreja. Estamos sendo chamados para duas coisas: ser e fazer discípulos de Jesus.

Aprendemos a confiar e a seguir Jesus em todas as áreas de nossa vida, desenvolvendo-nos para ser cada vez mais como ele em nosso caráter (o que somos), em nossas habilidades (o que podemos fazer). E enquanto fazemos isso, convidamos os demais para a vida de discipulado, crescendo na esperança da irrupção do Reino em todas as áreas de nossa vida. Cultivamos a nossa identidade como pessoa "enviada".

A cultura do discipulado nos impele a cultivar o desenvolvimento de nosso estilo de vida missionário, e não tanto a organizar eventos missionários. Isto ocorreu com a comunidade daqueles que estavam com Jesus. "Eu vos digo a verdade: Quem crer em mim fará as obras que eu estou fazendo e, inclusive, obras maiores, porque eu vou para o Pai" (Jo 14,12). Vê-se a mesma dinâmica na vida de Paulo: ele plantava comunidades levando consigo uma equipe (1Cor 4,14-16). Paulo queria que os coríntios o imitassem como as crianças imitam seu pai ou sua mãe. Dado, porém, que ele não podia ir a Corinto, envia-lhes Timóteo, que lhes recordará o estilo de vida de Paulo. Esta é a forma de fazer discípulos de Cristo. O líder de uma "comunidade em missão" há de ter como objetivo de sua animação e orientação "fazer discípulos", e não tanto organizar eventos.

Jesus criou uma linguagem comum entre os seus discípulos: as parábolas do Reino. Elas permitiram que ele criasse uma linguagem cultural entre seus seguidores. A linguagem cria cultura. Se quisermos uma cultura do discipulado, temos de empregar uma linguagem utilizada regularmente e que todos entendam e possam recordar. Uma linguagem de configuração vital que cria uma cultura do discipulado.

2. Comunidades com visão

A visão é como um ímã. Atrai, seduz, ilumina. Uma *oikos* com visão é um foco de luz para as pessoas, é um ponto de força, de dinamismo, de geração de algo novo. Por isso é tão importante que uma comunidade tenha "visão". E, obviamente, visão missionária.

A visão missionária é concedida a quem se vê estimulado pelo zelo. Quem sente em seu coração a paixão por comunicar o Evangelho de Jesus e fazer dele norma de vida, entra num *ecossistema* no qual tudo adquire sentido: começa a fazer e a dizer, a agir e a falar; descobre milagres e seduz com parábolas. A visão missional significa que você tem um desejo e uma paixão por comunicar a Boa Notícia de Jesus a um grupo de pessoas específico, através de suas palavras e ações. Ver e articular com clareza esta visão é o ímã que atrai as pessoas para a comunidade e o motor que mantém a comunidade em movimento.

É bom dar um nome específico à comunidade missional que esteja relacionado com a visão. Por exemplo, "Pão para todos"... Assim o grupo vê a si mesmo implicado numa missão que o supera e que, portanto, é um caminho arriscado.[14]

Liderar uma comunidade missional não deveria ser uma tarefa demasiado pesada: trata-se de construir uma família extensa em missão, de maneira que seja guiada pelo "ritmo de família". Trata-se de aprender a viver um estilo de vida missional juntos e não de assistir a uma série de eventos missionais.

É necessário ser um líder responsável. Líderes com visão. Líderes que são apoiados pela liderança mais ampla de toda a Igreja.

As comunidades missionais centram seus ritmos de crescimento em sua relação com Deus, com aqueles aos quais chegam e com os demais. Esta é a comunidade de vida centrada no Grande Mandamento e na Grande Missão: "Amarás o Senhor teu Deus com todo o teu coração, com toda a tua alma, com todas as tuas forças" (*up*); "Amarás o teu próximo como a ti mesmo" (*in*); "Ide e fazei discípulos de todos os povos" (*out*).

---

[14] HIRSCH, Ian. *The Forgotten Ways: Reactivating the Missional Church.* Brazos Press, 2009.

IV. Sete traços de uma comunidade configurada pela missão

Como a missão há de configurar a comunidade? Apresento vários traços, inspirados em textos bíblicos.[15]

1. Comunidade de aprendizagem missionária[16]

Jesus nos chama em comunidade e não só como indivíduos. Aprender a ser missionários é um exercício comunitário e não individual. Jesus treinou os seus discípulos em comunidade (Lc 9,1-10.42). Também Paulo fez isso (At 13,1-4; Fl 2,19-30).

Um aprendizado da missão em que todos colaboram potencialmente com as comunidades: é uma espécie de *colegialidade*. Não é suficiente uma aprendizagem informativa; é necessária também uma aprendizagem prática e saber ligar os carismas na "missão compartida", sem excluir ninguém.

2. Comunidade que conversa[17]

Também é necessária a *conversação*, como expressão de uma aprendizagem ativa e colaboradora. Uma comunidade

---

[15] Inspiro a minha reflexão num valioso artigo de CRONSHAW, Darren. Revisioning Theological Education: Mission and the local Church. *Mission Studies* 28 (2011) p. 91-115 (especialmente as páginas 95-115). O autor se refere, sobretudo, à formação teológica na perspectiva da missão; eu pretendo aplicar isso à comunidade em processo formativo ante a sua contribuição para a *missio Dei*.

[16] "Jesus escolheu doze – e os chamou apóstolos – para que ficassem com ele e para enviá-los a pregar" (Mc 3,14).

[17] "Enquanto conversavam e discutiam, o próprio Jesus se aproximou e pôs-se a acompanhá-los" (Lc 24,15).

na qual não se conversa sobre os grandes temas da missão, na qual não há comunicação de experiências, inclusive de contrastes e diferenças, não responde ao sonho daquele que a elegeu. Ninguém tem monopólio do Espírito. Nem sequer os mais ilustrados, ou aqueles que por um título desprezam a opinião dos simples. Na conversação e discussão, Jesus se faz presente, como ocorreu aos discípulos de Emaús. Jesus também disse: "Onde dois ou três estiverem reunidos em meu nome, estarei ali no meio deles" (Mt 18,20).

Na conversação podem surgir perspectivas novas. Na conversação se cria o espaço no qual se pratica a obediência à verdade. Quem se exercita na conversação comunitária leva à práxis missionária esse estilo conversador. Não é dogmático. Não impõe. Escuta e propõe. Busca a verdade e não impõe a sua verdade. Quem conversa na comunidade conversa depois na missão.[18]

3. Comunidade no contexto[19]

Paulo não se importava com a sua carteira de identidade nacional, mas com sua identidade como enviado e mensageiro de Jesus Cristo. Por isso fazia tudo para todos. Deus ama todo o mundo, mas coloca cada um, cada povo, numa cultura particular – marcada pelo lugar –, numa

---

[18] Cf. MATURANA, Humberto. *Transformación en la convivencia*. Caracas-Montevideo-Santiago de Chile: Dolmen Ediciones, 1999. Aqui o autor aborda extraordinariamente bem – em minha opinião – o tema da conversação: o ser humano se constrói e se transforma através da linguagem, tem uma estrutura "linguajante".

[19] "Fiz-me tudo para todos, para salvar alguns a todo custo" (1Cor 9,22).

determinada vizinhança com outros povos. O Deus do global é também o Deus do local. O Espírito quer configurar suas comunidades nessa tensão na qual não se elimina o global nem o local. Porém, a comunidade é chamada a "encarnar-se", a identificar-se com determinado contexto, a falar a sua língua, a valorizar os seus símbolos, a arregaçar as mangas para colaborar na solução de seus problemas. Este modelo de comunidade torna crível a missão.

A contextualização torna a comunidade sumamente interessante: por um lado, atenta aos desafios dos lugares, dos tempos, das igrejas locais, dos contextos citadinos ou rurais; por outro lado, consciente dos desafios globais, mundiais, da catolicidade. Assim, são agentes do Espírito contra qualquer forma de nacionalismo excludente ou de universalismo que destrói a biodiversidade. Num mundo culturalmente diverso, a comunidade é chamada a comunicar a fé e a exprimir o culto em formas culturalmente significativas. Daí a importância, para uma comunidade, da análise cultural para encontrar as respostas de Deus a esse desafio. No entanto, uma comunidade descontextualizada se torna neutra, não desperta interesse, não é testemunha de nada. Através dela, o Espírito emudece; não é o Espírito das línguas diferentes.

4. Comunidade transcultural e global [20]

Cada vez somos mais multiculturais e somos chamados a ser cada vez mais "interculturais" e "transculturais".

---

[20] "Recebereis a força do Espírito Santo, que descerá sobre vós, e sereis minhas testemunhas em Jerusalém, em toda a Judeia e Samaria, até os confins da terra" (At 1,8).

Visitar as periferias, as fronteiras culturais, entra na vocação missionária de uma comunidade; mas também que esteja integrada por irmãos ou irmãs de outras culturas, raças e povos. Se Abraão foi uma bênção para todas as nações, não o seremos nós, discípulos e missionários de Jesus? Não estamos chamados a unir-nos com gente "de toda nação, tribo, povo e língua" (Ap 7,9)? Recebemos uma missão de reconciliação de todos os povos (Gl 3,28).

Também em nosso espaço, Jesus nos envia a todas as nações. Por isso, uma comunidade não deve fechar-se em si mesma, em sua própria localidade. Há de ser generosa e não impedir os sonhos daqueles que ouvem o chamado de outros países para evangelizar.

5. Comunidade que forma o caráter [21]

A comunidade, enquanto tal, é um espaço formativo ou um espaço tóxico e deformativo. Quando a comunidade é um espaço "formante", cada pessoa cresce em individualidade, melhora seus traços pessoais, modela melhor o seu caráter, cresce em sua espiritualidade peculiar, faz com que, nela, a presença de Jesus e do Espírito seja cada vez mais consistente e embelezadora. A comunidade é o espaço onde melhor se detectam os sete pecados capitais; mas também o espaço onde mais ameaçados estão.

A superação dos maus vícios nos dá nobreza, nos torna virtuosos, dá solidez ao nosso caráter. É assim que o missionário ou a missionária melhora também na missão. Há os que se perguntam: "Que tipo de missão Deus reservou para

---

[21] "Segui o meu exemplo, como eu sigo o exemplo de Cristo" (1Cor 11,1).

mim?". Mas essa não é a pergunta acertada. A verdadeira questão é outra: Que tipo de "mim" Deus quer que colabore em sua missão, que conta em uma comunidade? Na comunidade se debatem às vezes muitos *egos*. E não é fácil harmonizá-los. Mas quando cada *ego* começa a se desabsolutizar, a relacionar-se, quando aprende a arte da humildade e do serviço, então o nosso "eu" se aperfeiçoa. Nesse caso, os "eus" diversos se harmonizam, tornam-se generosos, e não invejosos, detestáveis e iracundos.

6. Comunidade contemplativa e litúrgica[22]

É muito importante, para ser comunidade missionária, conhecer a Deus, contemplá-lo no silêncio, adorá-lo e celebrar a sua presença. A *missio Dei* que define nossa forma missionária e comunitária deve converter-se no grande centro de nossa contemplação. Isto tem muito a ver com a liturgia comunitária. Uma liturgia configurada pela *missio Dei* dá forma, nutre e envia a comunidade missional: "Como o Pai me enviou, assim eu vos envio" (Jo 20,21).[23]

Às vezes pensamos que o mais importante na liturgia é torná-la atrativa, que responda aos gostos das pessoas. A liturgia não deve ser manipulada nesse sentido. Não é teatro nem passarela de personagens que conquistam as pessoas por suas destrezas ou artes. Trata-se de uma liturgia na qual o Espírito cria visões alternativas, relata o querer

---

[22] "Guarda silêncio e reconhece que eu sou Deus. Serei exaltado entre as nações. Serei exaltado sobre a terra" (Sl 46,11).

[23] Cf. LOVAS, András. Mission-Shaped Liturgy. *International Review of Mission* 95 (2006) p. 352-358.

de Deus sobre o nosso mundo e a nossa história concreta.[24] Uma liturgia configurada pela missão – e não me refiro só à Eucaristia mas também à Liturgia das Horas, à celebração comunitária do perdão – é aquela na qual a comunidade é passiva e ativa ao mesmo tempo. É o grande momento contemplativo, adorador e silencioso no qual se reconhece o único Senhor. A comunidade em estado de liturgia é assembleia de cristãos em missão com Deus, cúmplices do Espírito Santo, que encarnam o Evangelho de Jesus Cristo.[25] O *ite missa est* não deve ser uma fórmula rotineira, mas o envio diário que configura a comunidade.

7. Comunidade sempre "identificada", "identificável" e atrativa

A falta de identidade faz com que o "caos" reine numa comunidade. Aqueles que nos visitam podem dar-se conta do grupo humano com o qual estão, das inquietações que o movem, de quem se assenhoreia de suas vidas. Infelizmente, às vezes as comunidades não são tão "religiosas" como o seu nome indica. Deixam-se levar pelo "mundanismo espiritual" (EG 93-97) ou a "acídia egoísta" (EG 81-83).

Aqueles que nos visitam podem se encontrar com um grupo de gente simpática, mas que nem menciona Deus nem leva a apaixonar-se pela Aliança com ele. Seriam comunidades secularizadas e secularizadoras! Comunidades

---

[24] Cf. MILLER, Timothy (ed.). *Spiritual and Visionary Communities: out to Save the World*. Burlington: Ashgate, 2013.

[25] SUTTLE, Tim. *Public Jesus: Exposing the Nature of God in your Community*. Kansas City: The House Studio, 2012.

que não confessam a sua fé fora do ritualismo! Ou pode haver outro tipo de comunidades nas quais a linguagem religiosa seja a rotina, não comunique nenhuma emoção nem leve à transformação ou ao desejo de mudança. Nossa verdadeira identidade nos é concedida como uma "nova criação". O Espírito de Deus Pai e de Jesus nos faz nascer de novo se deveras o desejarmos. Esta identidade há de funcionar quando nos encontrarmos no espaço público. É aí que podemos mostrar que existe "uma forma nova de ser humanos".

O que é que faz com que um jovem queira integrar-se numa comunidade carismática, numa congregação, e unir-se a pessoas que nunca conheceu? As *interações* que há ali e os sentimentos de pertença que se vão atando! Quando não há pertença, não há comunidade. Não se pertence por um ato voluntarista. A pertença nasce de uma aliança mútua entre todos. Ninguém se sente dono. Todos se sentem *coproprietários*. Todos participam dos benefícios. Todos se comprometem nas cargas. Pertença é a recompensa para uma forte relação de *copropriedade* carismática. No entanto, quando alguns se apoderam do carisma, roubam dos outros a pertença e os tornam pessoas submissas, alheias ao patrimônio comum.

O sentido de pertença é como um rio que corre. Nunca para. O que move o rio é a comunicação, a informação, a transparência. Move o rio da pertença o compartilhamento de histórias, relatos, mitos. A pertença requer confiança. Quando se perde a confiança, as palavras e as promessas já não têm sentido.

Conclusão

Os membros da comunidade devem poder realizar os seus sonhos, cumprir as suas melhores ambições, mas, sobretudo, ter um sonho coletivo a realizar. Tudo sob o senhorio do único Senhor e sob a energia e potência criadora e inovadora do único Espírito. E todos irmãos e irmãs, porque só há um Pai de todos.

No fundo, cada pessoa da comunidade é como um "*e-mail* de Deus", em quem o Espírito escreve sua mensagem e a envia, de novo, aonde quer. Como é importante deixar-se enviar! E não ficar sempre no ponto de saída... sem sair! Sobretudo, porém, como serão agraciadas as pessoas que recebem o "enviado", a "enviada"!

O que propomos aqui é uma autêntica mudança de paradigma comunitário. A preguiça – pecado capital que não consiste em não fazer nada, mas em fazer muito para não mudar! – será o demônio que o bloqueia e impede. O Espírito, porém, está muito interessado em contar com comunidades cúmplices em sua missão. Se não consegue isso entre nós, encontrará outros grupos, outras comunidades dóceis. A mudança de paradigma é de vida ou morte. Sobreviverão as comunidades em *missio Dei*.

A questão não está em perguntar: quem é o Senhor do mundo. Sabemos que é Jesus, mas por que não se faz patente este senhorio em nossa sociedade, em nosso planeta, em nós? A resposta a esta questão determina nossa vida comunitária: organizar-nos de tal maneira que se reflita o senhorio e a liderança de Jesus em nós! E fazer para que a partir de nós se manifeste na sociedade, nas culturas, nas estruturas do mundo. O presente que podemos dar ao mundo é encarnar em nossas comunidades o Reino que vem, antecipá-lo. A missão implica o modo como estruturamos nossas vidas e como abraçamos a nossa vocação de cuidadores da humanidade e da criação.[26]

---

[26] SUTTLE, op. cit., cap. 1.

2 | COMUNIDADES-MORADA: ESPAÇOS DE COMUNHÃO

A comunidade de vida consagrada está chamada a ser "casa", "lar", "morada", espaço de intimidade.

I. Lugar ou "não lugar"? Morada ou residência?

1. A alternativa e a opção

Descobre-se melhor o que é a casa quando contemplamos a realidade que lhe serve de contraste: os não lugares.[1] Nossa sociedade se caracteriza pela existência de não lugares. Muitos dos espaços nos quais nos movemos só têm a ver com indivíduos: são lugares para clientes, passageiros, usuários, ouvintes; mas aquilo que os caracteriza não é ser lugares onde alguém adquire identidade pessoal ou social. Nesses não lugares se sabe onde está a entrada e a saída. São lugares para o anonimato.

Um lugar, porém, é um espaço para a pessoa, para viver em relação, em sociedade, para gerar história, para viver de verdade para o encontro.

Pode haver casas-residência, casas não lugares, onde habitam transeuntes, onde se entra e se sai sem que haja dentro um espaço de humanização. A casa-lugar é aquela

---

[1] Cf. AUGÉ, Marc. *Los no lugares*. Madrid: Gedisa-Cultura, 2017.

que, pouco a pouco, se converte em espaço para sonhar a utopia, em espaço gerador de personalização, onde cada um emerge com seu próprio rosto.

Há, porém, algo mais que a casa como lugar de identidade. É a morada.[2] O lugar do *recolhimento*. Na casa realizamos essa obra fantástica de recolher-nos. Não consiste num mero passar de fora para dentro; mas em voltar sobre si mesmo depois de ter saído de si; em reencontrar-se depois de se ter dispersado, em refugiar-se depois de se ter exposto às influências externas.

O recolhimento, no entanto, não nos leva à absoluta solidão, mas à hospitalidade, ao *recebimento*. Leva a receber o Outro, com maiúscula, cuja presença é uma discreta ausência. Existir é morar.

2. Entre o sonho belo e a realidade medíocre!

Não resisto a transcrever, já no princípio desta reflexão, a constatação do salmo 133:

> Vede como é bom, como é agradável habitar todos juntos, como irmãos. É como óleo fino sobre a cabeça, descendo pela barba, a barba de Aarão, descendo sobre a gola de suas vestes. É como o orvalho do Hermon, descendo sobre os montes de Sião: porque ali o Senhor manda a bênção, a vida para sempre.

Contudo, os mais belos sonhos vocacionais se espatifam contra a prosaica realidade da convivência comunitária.

---

[2] Cf. LEVINAS, Emmanuel. La demeure. In: *Totalité et Infini. Essai sur l'extériorité*. Kluwer Academic: Martinus Nijhoff, 1971, pp. 162-189.

As comunidades reais nas quais vivemos dificilmente correspondem a este ideal de comunidade que todos levamos dentro.

Com o passar do tempo, a pessoa se resigna e se acostuma a uma tolerável mediocridade que lembra o "nem frio nem quente" do Apocalipse (Ap 3,15-16). Aqueles que tentam melhorar o estilo comunitário costumam encontrar muitas dificuldades e obstáculos. As comunidades mais acostumadas, ou mais envelhecidas, se atêm aos costumes e tradições de sempre e não mostram desejos de mudança. As comunidades mais jovens talvez tentem introduzir mudanças que são interessantes, mas que – como frequentemente não têm profundidade – logo fracassam e se diluem num alarmante individualismo.

Por outro lado, o tema da "comunidade" é hoje tão premente que exige uma reação de discernimento e decisão.

O que podemos fazer? As coisas não deveriam ser assim. Se em algum lugar devêssemos nos sentir bem, com gosto, seria na comunidade: é o espaço familiar que Deus concede a nós que professamos o celibato profético. No entanto, o lugar de dificuldade, de martírio, de sofrimento é, ou deve ser, para nós, missionárias e missionários do Reino de Deus, as dificuldades com as quais topamos no âmbito da missão. Os sofrimentos que Jesus teve de enfrentar vinham de seus inimigos, não de seus amigos. Em sua comunidade, Jesus achava o descanso, o espaço para a conversação amigável, para o encontro entre amigos e amigas: "Vós sois meus amigos" (Jo 15,14-16); "Amai-vos como eu vos amei" (Jo 13,34).

A união entre irmãs e irmãos, a convivência, é um espetáculo belo, agradável, bom. A história bíblica nos fala de sérios confrontos entre irmãos: Caim e Abel, Jacó e Esaú, lutas fratricidas entre as doze tribos de Israel. Por isso, que contraste de beleza e de bondade se desprende do espetáculo dos "irmãos unidos"! É um acontecer de derramamento do Espírito... descendo, consagrando. É como o orvalho que tudo fecunda e benze para que brote a vida. A comunidade é a casa de Deus quando nela há caridade e amor. É belo, belíssimo, aquele espaço no qual todos tentamos ter "um só coração, uma só alma e tudo em comum" (At 4,32). Nossos textos constitucionais nos exortam a construir cada dia essa realidade gozosa e bendita da sororidade, da fraternidade, e a desfrutar dela.

Este sonho é possível ou será preciso resignar-se e se dispor a "abraçar a cruz"? Será possível um caminho de reabilitação, de reconstrução, de refundação de nossas comunidades?

Claro que sim! Este é o momento propício. Só é preciso fazer uma chamada à boa vontade. É preciso dizer "não" para a guerra e "sim" para a paz. Jesus Ressuscitado nos visita com um estremecedor "a Paz esteja convosco"! E sabemos que a sua Palavra é eficaz, transformadora, criadora de nova realidade.

Esta reflexão tenta ser um "não" à resignação e um "sim" à possibilidade de dar novo impulso à refundação e reorganização comunitária. Tenta ser um "não" ao otimismo fácil e um "sim" à esperança paciente. Um "não" a pensar que, obedecendo, tudo se acerta e um "sim" aos processos que nos envolvem todos e que, contando com todos, nos permitem sonhar o impossível para assim chegar ao imprevisível (J. M. R. Tillard).

3. O caminho: da comunhão à comunidade

Parece-me acertada a expressão "da comunhão à comunidade". A comunidade é fruto da comunhão. Mas não de uma comunhão meramente legal, jurídica, e sim autenticamente orgânica.

Para isso, a comunidade tem que se organizar. E o paradigma para isso é o "organismo vivo" que, seguindo as leis da vida, se organiza, se reorganiza. É – como dizem os cientistas chilenos Humberto R. Maturana e Francisco J. Varela – "autopoiético".[3] Na reorganização comunitária intervêm muitos fatores e agentes: o contexto, a liderança colaborativa, a estratégica, inclusive, a mútua relação e imbricação entre líderes e seguidores. "Reinventar as organizações", disse Frederic Laloux; reinventar as comunidades, dizemos nós.

"Comunidade" não é substantivo, é verbo. É ação permanente, um fluir incessante. A comunhão está sempre em marcha, em construção. É o que ocorre em todo organismo vivo: passa de um estado a outro com enorme facilidade, da harmonia ao desequilíbrio, da saúde à enfermidade, da paz à guerra, da quietude à vertigem... e vice-versa. A comunidade é, então, um ser frágil e vulnerável que entre todos damos à luz, ou entre todos ameaçamos de morte, ou matamos, ou entre todos fazermos reviver, renascer.

Os laços e as relações de comunhão mantêm viva a comunidade, fazem-na existir e a tiram constantemente

---

[3] Cf. MATURANA, Humberto R.; VARELA, Francisco J. *Autopiesi e cognizione*. La realizzazione del vivente. Veneza: Marsilio Editori, 1985.

do nada. Manter laços e relações de comunhão não é, contudo, nada fácil. Quando alguém se relaciona, relativiza o próprio. Relativiza suas opiniões, seus sentimentos, suas convicções, seu próprio bem-estar e comodidade, sua autovaloração. Tornar-se relativo aos outros é algo assim como enredar-se (entrar na rede comunitária), é complicar-se e implicar-se. O solista só se preocupa consigo mesmo e com seu espetáculo. Quem faz parte de um coro ou de uma equipe há de renunciar à sua exclusividade e individualidade para fazer-se membro do todo.

Entrar em comunhão não é tarefa fácil num mundo como o nosso no qual tanto se defende o direito a ser diferente, a ter a própria cultura, a escolher a própria religião, a votar no partido que mais nos convença... A comunhão do plural é enormemente rica, mas também enormemente difícil. Construir uma rede de relações fortes, intensas, entre irmãs ou irmãos de diferentes gerações e mentalidades, de diversas raças ou culturas, ou de distintas ideias e sentimentos é enormemente dificultoso. É verdade que, em nossa sociedade, isto se tenta nas empresas, nos grupos políticos, no concerto das nações. Quanto não foi preciso dialogar para que diferentes ideologias políticas se pusessem de acordo numa mesma Constituição ou Carta Magna, ou na elaboração de uma lei que afeta a todos!

A maravilha da comunidade não surge sem relações de comunhão, sem nos tornarmos mutuamente relativos, relacionais. Jesus no-lo deixou não só recomendado, mas mandado:

Dou-vos um mandamento novo: que vos ameis uns aos outros. Como eu vos amei, amai-vos também uns aos outros. Nisto reconhecerão todos que sois meus discípulos, se tiverdes amor uns pelos outros (Jo 13,34-35).

II. Compreender a biodiversidade: a comunidade como ecologia humana

1. Antes de tudo, afirmemos a diversidade!

A comunhão entre nós é difícil simplesmente porque somos diversos. E é o Espírito Santo quem causa esta santa e bendita diversidade. Já sei que podemos dar a estes adjetivos um tom irônico ou humorístico. Através do Espírito Santo, o *Abbá* criador esbanjou em nossos corações fantasia transbordante e nos criou com "toques de distinção" e de singularidade. Além dos traços comuns que compartimos com a espécie humana, há em cada um de nós uma misteriosa individualidade que Deus – nosso *Abbá* – desenhou através de sua Palavra e movido por seu Espírito: esse rosto único, esse espírito singular, essa voz e gestos inconfundíveis que nos constituem. O Espírito é a fonte de tanta diversidade.

> A cada um é dada a manifestação do Espírito em vista do bem comum. A um é dado... a outro... a outro (1Cor 12,7s).

Nosso Deus, Trindade de pessoas diversas, também quer a nós diversos, diferenciados:

> Há diversidade de dons, mas o Espírito é o mesmo. Há diversidade de ministérios, mas o Senhor é o mesmo. Há diferentes

atividades, mas é o mesmo Deus que realiza todas as coisas em todos (1Cor 12,4-6).

Às vezes temos pressa demais em buscar a unidade. E não nos detemos na contemplação desta admirável diversidade. Não se pode pintar bem um quadro multicolorido se antes não distinguirmos e apreciarmos a diversidade das cores. Não se pode formar um coro polifônico se antes não aprendemos e aperfeiçoamos as diferentes vozes. A perfeição da individualidade redunda no resultado do conjunto.

É verdade que o apóstolo Paulo assume a alegoria do corpo para falar-nos da Igreja. Mas, embora a unidade corporal seja importantíssima, não menos importante é a individualidade, a distinção e a autonomia de cada um dos membros:

> Ora, o corpo não se compõe de um só membro, mas de muitos (1Cor 12,14).

A busca da unidade fica pervertida quando não é o resultado da correlação entre todos, mas da imposição da vontade de uns poucos. Chesterton dizia com humor: "No final se tornaram um. Eu me pergunto: qual dos dois?". A comunhão não consiste em todos se submeterem à vontade de um, mas em unificar todas as vontades. O primeiro é mais fácil, mais efetivo; o segundo requer a arte e o sofrimento da comunhão:

> Se o todo fosse um só membro, onde estaria o corpo? Portanto, os membros são muitos, mas o corpo é um só (1Cor 12,19-20).

Partamos, portanto, do direito à diversidade. Demos carta de cidadania em nossas comunidades à diversidade. Honremos a diferença. Deixemos espaço para que cada pessoa seja ela mesma e não tenha que renunciar à peculiaridade com que foi criada. Queixemo-nos diante do Criador que assim a fez, mas não diante dele e dos demais! Lamentemo-nos de nossa ignorância e incompreensão, de nossa intolerância e unilateralismo.

O que ocorreria se os membros de nosso corpo se movessem todos em uníssono e na mesma direção? Perderia a sua beleza, o seu dinamismo! Converter-se-ia num mecanismo ridículo! O mesmo acontece quando os membros de uma comunidade deixam as decisões nas mãos de um ou de uns poucos, quando alguns renunciam a expor os seus pontos de vista e suas ideias e sentimentos, ou quando se bloqueia e condena o diferente, o que pensa de maneira distinta.

Este é o primeiro passo para a comunidade: reconhecer e honrar a diversidade, a diferença entre nós. Se não fizermos isso, a comunidade se constrói em falso: é-lhe imposta uma fachada que não é a sua. Fica interiormente minada e desconjuntada pela desunião de seus membros. Tudo nela ressoará em falso, inautêntico, impróprio.

2. Os níveis de biodiversidade e de comunhão

Detenhamo-nos um momento na contemplação desta diversidade ou, melhor, biodiversidade que nos caracteriza. Assim a compreenderemos e a honraremos. Assim não nos sentiremos magoados e saberemos desculpar e conviver com os diferentes.

Cada um de nós é uma realidade complexa. Não só somos espírito, alma, mente, corpo animado... também há em nós uma dimensão animal, vegetal, mineral. E assim funcionamos. Tomamos minerais (medicamentos, por exemplo, ou água) para alimentar e manter equilibrada e ativa a nossa mineralidade. Em nosso corpo há uma dimensão "vegetativa" e funcionamos como os vegetais (as árvores, as flores, os arbustos...). Também nos caracteriza a dimensão *anima* ou zoológica: funcionamos não poucas vezes como animais, sentimos e reagimos como eles (macaco, leão, cão, gato, águia, peixe...).

a) Como um jardim de pedras

Quando nos esquecemos dessas dimensões tão elementares de nossa individualidade, perdemos as chaves para compreendermos melhor uns aos outros em nossa convivência comunitária. Nem tudo funciona entre nós quanto à boa, má ou indiferente vontade. Há reações que se ativam nesse âmbito pré-consciente e pré-voluntário.

Assim, dizemos que entre determinadas pessoas há uma "química boa ou ruim". Há pessoas que, diante de determinadas situações, logo "explodem". Em outras descobrimos um processo de depressão crescente que se parece com uma progressiva mineralização de seu ser, perda de vitalidade, de espiritualidade. Cada um tem a sua química, o seu volume e o seu peso. Não é estranho que, enquanto umas pessoas necessitem comer certos alimentos, outras precisam de outros; enquanto umas pessoas querem ar e ventilação, outras preferem o fechado e resguardado...

b) Como um campo plantado de árvores ou um jardim

Também nos descobrimos como uma floresta de árvores diferentes, como um jardim com distintas flores e ervas ou arbustos. As árvores estão totalmente expostas aos elementos e obtêm seu poder de tudo o que as rodeia. Com suas raízes chegam a grandes profundidades na terra. Elevam-se para cima para receber a luz. Seus troncos fibrosos estão cheios de fluxo da vida. Obtêm a sua força da terra, da água e da chuva, do espaço que as rodeia. Também nós, nossos corpos, são um campo de energia. Nutrem-se do que nos rodeia. Somos, em nossa comunidade, como diversas árvores que compartilham um espaço vital, um mesmo solo. Cada um tem a sua peculiaridade. Jesus se comparou com a videira e a nós, com os ramos. Aborreceu-se com a figueira que não dava fruto. Umas são árvores frutíferas, outras, talvez, de enfeite que acolham, abriguem debaixo de sua sombra e embelezem a casa. Uns, como as flores; outros, como as hortaliças. O sábio refraneiro utiliza esta simbologia: "As árvores mais velhas dão os frutos mais doces" (provérbio alemão), "Da árvore do silêncio pende o fruto da segurança" (provérbio árabe). A aceitação da diversidade vegetal nos leva a "não pedir peras ao olmo" e a ser conscientes de que "na variedade está o gosto".

c) Como um zoológico singular

Há também em nós uma biodiversidade animal. Cada um vive a animalidade a sua maneira, dentro da comum condição da espécie humana. O princípio zoológico nos constitui. Por isso dizemos de determinadas pessoas que estão sempre "como cão e gato"; ou, de outras, que parecem chefe da manada, ou, inclusive, de algumas, que são rapaces ou parasitas. Não dizemos de Jesus que é como um "manso cordeiro", ou o "leão de Judá"? Não chamava Jesus a Herodes de "raposa", ou aos seus discípulos, "meus cordeirinhos"? Não há em nossa sociedade "animais de carga", leões carniceiros, pombas e falcões? Poderíamos dizer, utilizando o bom humor, que nossa comunidade tem algo de zoológico, com as reações mais surpreendentes em nossas relações, em nossa forma de alimentos, de subsistir e resistir. O instinto animal, de conservação, de perpetuação, de afirmação é muito forte.

d) Em comunidade espiritual: "Sob o olhar do outro"

A biodiversidade psicológica, mental e espiritual é aquela que mais nos caracteriza. Esse mundo da alma e do espírito nos torna mais misteriosos e imprevisíveis. Em cada um de nós brilha a chama do espírito, uma peculiar sensibilidade, um misterioso mundo de afetos, amores, sonhos, medos e complexos. Cada um de nós é um ser livre, dotado de consciência, agraciado com a vida eterna. Só temos acesso à nossa intimidade através de símbolos, de pequenas e progressivas relações de empatia. É fácil que a verdadeira realidade da outra pessoa nos passe despercebida.

Vivemos em nosso próprio corpo, mas só começamos a *existir* de verdade sob o olhar do outro.[4] Sem comunhão

---

[4] "A criança busca captar o olhar de sua mãe não somente para que esta a alimente e reconforte, mas também porque esse olhar em si mesmo dá à criança um complemento indispensável: a confirma em sua existência... Como se soubessem da importância desse momento

existencial, a vida se apaga. Todos nascemos duas vezes: na natureza nascemos para a vida e na sociedade nascemos para a existência. É certo que somos animais, mas não só isso! Não só buscamos o prazer; antes de tudo, buscamos a relação que nos assegura nossa existência. Desejamos a relação – o amor, o calor, o reconhecimento –, e não algo que a relação possa dar-nos. O olhar do outro que nos reconhece é como o oxigênio da alma, como o ar:

> Nenhum castigo mais diabólico poderia ser concebido, se fosse fisicamente possível, que ser abandonados na sociedade e passar totalmente despercebidos para todos os membros que a compõem.[5]

Esta é a posição do marginal, do excluído. Os pobres são aqueles a quem ninguém observa:

> O pobre entra e sai sem que seja notado e, no meio de uma multidão, se encontra na mesma escuridão que enclaustrado em sua choça...[6]

A velhice é não só uma diminuição das forças vitais, mas também da existência. A sua causa primeira é o

---

– embora não seja assim –, o pai ou a mãe e o filho podem olhar-se durante longo tempo nos olhos; esta ação seria completamente excepcional na idade adulta, quando um olhar mútuo de mais de dez segundos não pode significar mais que duas coisas: que as duas pessoas vão brigar ou fazer amor" (TODOROV, T. *La vida en común*. Madrid: Taurus, 1995).

[5] JAMES, W. *Principles of Psychology, I*. New York: Holt, 1904.

[6] SMITH, A. *The Theory of Moral Sentiments*. Oxford: Clarendon Press, 1976.

aumento da solidão. "Eu comecei a morte por solidão", escrevia Victor Hugo. A existência pode morrer antes que a vida se apague.

A vida em comunidade é uma forma de viver sempre e constantemente sob o olhar do outro, dos outros. É uma forma permanente de vida *existencial*. Os problemas comunitários surgem precisamente quando este requisito existencial não é produzido e quando as relações só operam no nível animal, vegetal ou mineral, quando deixamos de viver sob o olhar dos outros. Então nos sentimos marginalizados, excluídos.

e) A nostalgia do Infinito e a experiência de "incompletude"

A comunhão existencial não preenche todas as exigências de comunhão que percebemos em nosso ser. A *incompletude* do ser humano faz com que desejemos muito mais do que – de fato – podemos dar uns aos outros. O reconhecimento mútuo, o crescer sob o olhar do outro, é frequentemente insuficiente. Necessitamos ser reconhecidos por Deus mesmo, sentir-nos justificados por sua graça e saber que somos irmanados com todos por ele. A dimensão espiritual é, para nós, a mais misteriosa. Exprime-se nas ideias, nos sentimentos, nos sonhos, nas utopias, na criatividade incessante... A comunhão nesse âmbito é inesgotável, é sempre suscetível de mais. Nunca se vê totalmente satisfeita. Há em nós uma sede infinita que nunca se sacia e nos faz sentir-nos essencialmente necessitados. Essa incompletude nos situa diante da nostalgia do infinito ou daquilo que o simboliza.

A nostalgia do Espírito, do Todo, alimenta em nós uma busca incessante. A comunhão que se produz nesse nível é enormemente intensa. E essa é, precisamente, a razão de ser de nossa comunidade religiosa: buscar a Deus, situar-nos diante do umbral do Infinito. Mas vivemos na fé, na escuridão e não na luz, a caminho e não na pátria.

III. A comunidade dentro da "pericorese" divina

Os religiosos e religiosas – como todos os cristãos, mas também de nossa vocação particular – estamos chamados a viver em comunhão não só na dimensão mineral, vegetal, animal e psicológica ou anímica, mas também noutra dimensão misteriosa e transcendente.

1. O "divino" que habita em nós

Jesus orou por nós para que "sejamos um". Vontade de Jesus, que nos escolheu para a missão, é que sejamos uma só coisa entre nós como o Pai e ele (Jo 17,11-19); pois ele veio para "reunir os filhos" que estávamos dispersos (Jo 11,52).

Fomos criados para o amor, mas o amor adoeceu, deixou de circular nas relações humanas fraternas. O pecado original e os pecados pessoais deterioram o amor, a amizade, bloqueiam-nos. O amor se encontra em condições de inferioridade e de contradição em nosso mundo. Todo sonho de amor se mostra afetado pela limitação humana e pelo contágio do mal.

Jesus veio redimir-nos do pecado. Ele podia muito bem dizer: "Eu sou o amor", "quem viu a mim viu o amor". O caminho que Jesus seguiu se torna paradigmático na hora de entender como redimir e curar o nosso amor enfermo. Jesus empreendeu uma caminhada de esquecimento de si e de entrega sem condições. Jesus nos mostrou que o caminho para a comunhão e o amor fraterno também passa pela cruz, pela negação de si mesmo como indivíduo e pela afirmação dos outros como pessoas.

Jesus não só nos deu exemplo, mas também intercede perante o Pai, também hoje, para que sejamos preservados do mal e vivamos no amor. Envia-nos o seu Santo Espírito. Derrama sobre nós o dom divino do Amor. Integrados em seu Corpo, circula por nós o Amor do Corpo, o Espírito do Corpo. No Corpo de Jesus, em constante crescimento, crescemos também no amor. Nossos carismas se tornam graça para os outros; constroem a Igreja, desenvolvem o Corpo, enriquecem-no e o embelezam. Jesus é a videira e nós, os ramos. Participamos da mesma seiva, da mesma vida, do mesmo amor. Enxertados nele, produzimos fruto abundante.

Nossa comunidade é a expressão consciente desta realidade misteriosa e sublime. Não deveríamos esquecê-lo. Tomar consciência disto é fonte de esperança, de gozo íntimo. Esta é a razão última de ser de nossa comunidade. Por isso, como é belo contemplarmos juntos diante de nosso Senhor Jesus na capela, na Liturgia das Horas e, sobretudo, na celebração da Eucaristia! Como é belo ver-nos reunidos em torno da mesa, agradecendo ao *Abbá* os dons com que nos alimenta! Como é belo contemplar a comunidade dispersa em missão, mas unida no coração e no projeto missionário!

2. Viver o amor da Aliança: comunidade de seguimento

Vivemos em comunidade porque fomos chamados por Jesus a segui-lo e segui-lo "juntos", a compartilhar sua missão e comparti-la "juntos". Não o seguimos materialmente pelos caminhos da Galileia e da Judeia, mas sabemos, sim, que somos chamados a reproduzir – noutras circunstâncias históricas e geográficas – o projeto e o estilo de vida que ele iniciou na Galileia com as suas discípulas e discípulos:

Voltai para a Galileia, ali o Senhor aguarda!

O Evangelho é nossa regra suprema. A comunidade não tem outro roteiro para interpretar em cada momento. Assim se converte em parábola, milagre, ícone. Como a comunidade primitiva de Jerusalém, também cremos que vivemos o Evangelho quando vivemos no amor, na Aliança.

O mandamento do amor nos pede que amemos a Deus – a quem não vemos – "com todo o coração, com toda a alma e com todas as forças (quer dizer, com tudo o que temos)". O mesmo mandamento principal se torna verdadeiro quando amamos os irmãos ou irmãs – que vemos sim – "com todo o coração, toda a alma e todas as nossas posses". Resultado disso é: ter um só coração, uma só alma e tudo em comum (At 4,32).

Jesus nos diz também – como disse aos Doze:

Mas eu digo a vós que me escutais: amai... (Lc 6,27).

Este amor haveria de se estender aos malvados, aos inimigos e aos desconhecidos. Há de ser *filoxenia*, "amor ao estrangeiro"; por isso tem de excluir qualquer tipo de xenofobia. É curioso notar que *filoxenia* é o nome bíblico para falar da hospitalidade. A discípula ou o discípulo de Jesus há de amar de tal maneira que:

- domine a sua ira (Lc 6,29);
- seja paciente ante as injúrias e os maus-tratos (Lc 6,27);
- responda com doçura e bondade à malevolência ou maledicência (Lc 6,29.31);
- seja respeitoso com seus adversários e lhes manifeste respeito (Lc 6,28);
- esteja disposto, inclusive, ao sacrifício de si mesmo.

Quando ama desta forma, o discípulo de Cristo se torna perfeito, como o Pai, como Jesus. O *Abbá* é compassivo e misericordioso, também Jesus (Lc 7,13). O discípulo há de ser misericordioso e compassivo, de modo que, como o samaritano, sinta em suas entranhas a sacudida do amor.

3. *Se o Senhor não constrói a comunidade...*

Por isso, a construção de nossa comunidade não depende apenas da boa vontade dos que a formamos. Não é o simples resultado de uma boa organização ou direção, ou de nossas dinâmicas e iniciativas. Em nossa comunidade habita um mistério que podemos denominar assim: a força do Evangelho, a utopia do Reino de Deus!

Em qualquer comunidade nossa, até na mais pobre – no sentido humano –, é possível detectar este mistério. Nossa comunidade não é o que nós queremos que seja, mas o que nosso Deus – que escolheu a todos nós – quer que seja. Deixar Deus ser Deus em nossa comunidade é discernir e acolher o sonho de comunidade que ele nos oferece e, por isso, renunciar a nossos próprios sonhos de comunidade. A reunião dos irmãos separados não é fruto de nossos esforços de reconciliação; é um dom para o qual é preciso ter as mãos abertas e em espera. Quem se sentir muito mal na comunidade, pense que, em algum momento, chegará a graça e será possível o que nunca previu.

4. O amor, dom primeiro e mais necessário

Para que haja comunidade faz-se necessário um princípio unificador. Onde este princípio não existe, há discriminação. Uma comunidade na qual cada um esteja excessivamente especializado, na qual faltem metas coletivas, se converterá pouco a pouco num grupo descentrado, numa coletividade de pessoas sozinhas, numa reserva de interesses.

No entanto, quando há metas de grupo, ilusão por um projeto conjunto, surgem "círculos de entendimento" e uma prontidão constante para se preocupar com outra pessoa. Nesse caso se conhecem – sem ter que ser exigido para isso – quais são as necessidades dos outros que é preciso atender.

a) Como Deus-Amor

A única força interior de que dispomos para entrar em comunhão é o amor, que chamamos de "caridade" ou, inclusive, de "amizade". A caridade a Deus e aos irmãos (Mc 12,29-31) foi derramada em nossos corações pelo Espírito Santo (Rm 5,5) e edifica a nossa comunidade. Quem ama:

- toma sobre si as enfermidades e dores de suas irmãs e de seus irmãos (Mt 8,17);
- alivia os que estão cansados e angustiados (Mt 11,28-30);
- vigia para manter o seu coração na mansidão e na humildade;
- faz-se amigável, ama e se entrega (Gl 2,20).

São Paulo menciona a caridade com muita frequência em contextos de oração.[7]

Com isso quer dizer-nos que não podemos comprar o amor ("Se alguém quisesse comprar o amor, com todos os tesouros de sua casa, receberia somente o desprezo" – Ct 8,7), mas apenas suplicá-lo: "A caridade vem de Deus Pai" (cf. Ef 6,23); "O amor é fruto do Espírito" (Gl 5,22); "A caridade de Deus foi derramada em nossos corações por virtude do Espírito Santo, que nos foi dado" (Rm 5,5).

---

[7] Cf. 1Ts 1,23; 2,12; 2Ts 1,3; 2Cor 13,11-13; Cl 1,34; Fm 47; Ef 1,34; 3,14-19; Fl 1,9.

Quando nos vemos incapazes de amar, estamos adoecendo. E se diante de qualquer enfermidade consultamos o médico, por que não fazê-lo, por que não intensificar a nossa súplica quando padecemos de falta de amor?

A pessoa arruma todos os dias o seu cabelo, por que não o coração? (provérbio chinês).

b) Os porquês do amor entre irmãos e irmãs

O amor surge em nós diante do lado amável das coisas, das pessoas. Quando não vemos isto, o amor é forçado e inautêntico. Não ver, porém, o lado amável da realidade pode ser devido tanto à sua ausência como à carência de visão de nossa parte.

Podemos amar nossas irmãs e irmãos porque há um lado autenticamente amável apesar de todos os pesares; porque em cada uma delas, em cada um deles está a imagem de Deus! São imagem e reflexo de Deus (2Cor 3,3.18).

A maior riqueza de cada uma de nossas comunidades, de nosso instituto, são as pessoas. Cada uma delas é valiosa pelo que tem de autobiográfico e intransferível. Diz a doutrina da Igreja que o pecado original não foi capaz de destruir em nós a imagem de Deus, embora a tenha afetado e deteriorado.

Quem contempla com olhos sacramentais cada um de seus irmãos, verá neles uma zona amável e não será difícil amar essa bondade. Ninguém gosta de ser amado por obrigação; é, aliás, impossível. O amor surge como graça, como acontecimento. Dizia Santo Tomás que Deus nos ama "fazendo-nos amáveis". E João da Cruz nos diz: "E tua graça, em mim, teus olhos imprimiam". Deus ama a graça, a amabilidade que cria e descobre em nós. Também a nós deu a capacidade de criar. "Quem te crê, te cria". Uma pessoa pode começar a renascer sob o nosso olhar, a nossa confiança, a nossa amabilidade. O amor nasce, como um presente, da contemplação e leva à contemplação, pois permite ver as pessoas com outros olhos.[8] O olhar amável é também criador. Não devemos dar ninguém por perdido. A ninguém havemos de negar a palavra, a credibilidade, a confiança.

Uma segunda razão para amar nossas irmãs e irmãos é que formamos um só Corpo. Os que estamos vinculados a Cristo Jesus formamos um só Corpo com ele, "porque somos membros do seu Corpo" (Ef 5,30) e ninguém nunca odiou o próprio corpo. Compreender e experimentar esta realidade é um presente do Espírito. A nossa experiência vocacional, tanto cristã como carismática, é frequentemente fragmentária. Sentimos mais a vocação que a convocação; sentimo-nos mais membros que corpo. O individualismo de nossa época acentua esta situação. Fazer a experiência do Corpo de Cristo é uma graça do Espírito, é uma graça de contemplação. É descobrir que somos imagem de Deus, "imagem segundo a Imagem, que é Cristo", sendo Igreja.

---

[8] "A comunidade religiosa é em si mesma uma realidade teologal, objeto de contemplação: como *família unida no nome do Senhor* é, por natureza própria, o lugar onde a experiência de Deus deve poder ser alcançada particularmente na sua plenitude e ser comunicada aos demais" (SCRIS – Sagrada Congregação para os Religiosos e Institutos Seculares, *Dimensão contemplativa da vida religiosa*, n. 15).

Este foi o dom que Paulo recebeu no caminho de Damasco: que Jesus se identificava com a sua comunidade!

Não devemos odiar, nem marginalizar, nem desenganar nenhum membro de nosso corpo. Repercute em nosso bem dar espaço a ele, libertá-lo, para que seja ele mesmo "dentro do corpo". Talvez necessite estímulos para integrar-se no organismo; tratando-o com delicadeza, como quando temos um braço machucado, poderemos recuperá-lo.

A lei interna de Deus é o amor, porque Deus é Amor. Esta é a nossa lei interna, dos que estamos chamados a ser em liberdade suas imagens vivas. Sem o amor nós nos degradamos, perdemos a nossa capacidade de imortalidade, de perenidade. Porque quem não ama permanece na morte. Essa lei interior nos move a amar nas situações mais difíceis e contraditórias. Quem tem um profundo amor-amizade a Jesus e com ele se sente aliado, percebe dentro de si, em sua própria consciência, a lei do espírito que obriga sedutoramente todo o seu ser a amar, até as últimas consequências, inclusive quando parece impossível.

c) Amor holístico: coordena e constrói

Constroem a comunidade certas atitudes que são sumamente importantes: a palavra humilde e cheia de caridade, a amizade, o não julgar, o perdão mútuo.

A palavra é um grande meio de comunhão e comunicação. Palavras humildes e cheias de caridade dão cor às relações fraternas. Há comunicação quando as palavras transmitem não só ideias, mas também sentimentos e aquilo que pensamos, sentimos e cremos. As palavras arrogantes se tornam insuportáveis. A graça da comunicação é negada aos soberbos. A pessoa orgulhosa não abre o seu coração, não comunica o seu "eu" profundo e se isola.

A *amizade* cresce quando há relações cálidas e de comunhão verdadeira entre irmãs e irmãos. Aquele que disse "já não vos chamo servos, mas amigos" nos pede que também nós possamos afirmar o mesmo com respeito a nossos irmãos de comunidade. A amizade é um dom de Deus que está semeado entre nós e que temos de cultivar, não impedir o seu crescimento. É diabólico criar inimizades e *discórdias*.

Não julgar: o dito popular "pensa mal e acertarás" implica uma visão muito rasteira da pessoa, porque não é apenas aquilo que é, mas, sobretudo, aquilo que pode ser. Ninguém nos constituiu juízes de nossos irmãos: "Não julgueis e não sereis julgados" (Lc 6,37). A esperança cristã nos leva a esperar tudo "porque para Deus nada há de impossível", porque "o amor espera tudo". As excomunhões que brotam do coração tornam impossível a vida de comunhão e revelam uma grande autossuficiência, um farisaísmo antievangélico. Não somos homens, mas seres humanos: espirituais, sim, mas também animais, vegetais, minerais. Com um montão de pedras se pode fazer um jardim de pedras (como em Kyoto); com diversos vegetais, um horto florido; com diversos animais, um mundo novo onde o leão pasta com o cordeiro e a criança brinca com a áspide.

O perdão mútuo: somos comunidade de pecadores que Jesus chamou. Ele sabia que poderíamos ofender-nos muitas vezes, por isso nos pediu que perdoássemos até "setenta vezes sete" (Mt 18,22).

OUTRA COMUNIDADE É POSSÍVEL

É preciso ajudar nossas comunidades a:

- suscitar e fazer crescer nelas a consciência de sua cultura interna e da influência – consciente ou inconsciente – das diferenças culturais (linguagens, gerações, procedências...) na vida comunitária;
- incrementar a consciência da necessidade de mudanças de atitude quando se une à comunidade uma nova pessoa de outra cultura (estrangeira, jovem) ou quando se trabalha com alguém de outro âmbito cultural;
- reconhecer e apreciar a experiência de cada indivíduo (os que chegam e os que estão na comunidade), especialmente os sentimentos de incerteza, ameaça e medo;
- descobrir e iniciar uma cura de feridas do passado e de ações falidas ou fracassadas.

Nossas comunidades necessitam de uma espécie de *terapia* e de *reeducação* para criar nelas *círculos de hospitalidade*: são aqueles âmbitos nos quais nos sentimos escutados, acolhidos e seguros: irmãos e irmãs podem comunicar-se com segurança e *confiança*. Não obstante, com que facilidade se cria um clima de desconfiança no qual ninguém se sente seguro e todos desconfiam!

Quando duvidamos da inteligência da outra pessoa, de sua integridade, de sua boa vontade; quando psicologizamos o seu ponto de vista e pensamos que se tivesse uma mentalidade mais sadia ou aberta não pensaria assim; quando suspeitamos que nos está ocultando algo realmente importante, então nos estamos *desconectando* dela.

A nós dá segurança crer que todos somos filhos e filhas de Deus, batizados em Jesus, consagrados pelo Espírito e que estamos comprometidos pelo Evangelho a procurar o bem-estar dos irmãos.

Muitas vezes não entendemos por que ou como algumas pessoas mantêm certas posturas. Mas nos comprometemos a escutar as suas histórias e a entender melhor os seus pontos de vista? No nível mais profundo lhes damos um voto de confiança e suspendemos nossas dúvidas sobre suas motivações? Vemos nelas as irmãs e irmãos que tentam caminhar pela senda da virtude? Sem este nível de confiança, a comunicação não é possível.

O círculo de segurança há de se converter também em círculo de hospitalidade. Nós aceitamos uns aos outros como irmãos e irmãs em Jesus. Reconhecemos que todos somos pecadores e imperfeitos, mas também que tentamos ser fiéis discípulos do Senhor. A raiz da palavra "disciplina" deve ser entendida como a arte de ser discípulo. Estamos necessitados de aprender uns dos outros.

Um aspecto importante da hospitalidade é que o gesto de boas-vindas só é efetivo quando a pessoa que o recebe o experimenta como boas-vindas "para ela". Noutras palavras, as boas-vindas têm de significar algo para quem recebe as boas-vindas, não só para quem as dá. Experimentar as autênticas boas-vindas é como experimentar a graça de Deus. Como crentes, tratamos de criar aquela atmosfera na qual a graça de Deus pode ser experimentada.

Os círculos de segurança e hospitalidade são os que fundamentam os círculos da escuta. Para entender como funcionam os círculos da escuta é preciso apenas recordar as regras fundamentais da comunicação. Mas agora não entrarei neste tema.

Conclusão

Albert Camus suscitou uma das mais dolorosas e emocionantes questões do nosso tempo: "Como posso sentir-me em casa?".

Muitos buscam hoje ter uma casa na comunidade ou ter uma comunidade que sintam como sua casa.

Nossos belos sonhos podem tornar-se realidade. Convertamo-nos e creiamos na Boa Notícia.

Isto é possível graças a Jesus, nosso Senhor, que veio e se foi para preparar-nos uma morada. E, sobretudo, derramou sobre nós o seu Santo Espírito: o Espírito da *biodiversidade* e da admirável e milagrosa comunhão.

3 COMUNIDADES ORGANIZADAS: O NOVO PARADIGMA

Além da missão, temos de falar da organização interna das nossas comunidades. Não somos, de modo algum, piores que no passado. Nossa vida consagrada – embora pareça arriscado afirmar isto – não se encontra hoje numa grave crise. Encontra-se, sim, numa mudança de época. E esta mudança de época requer que nos organizemos de outra maneira. Há modelos organizativos que estão ficando obsoletos. E é assim que vemos "tanta beleza em tanta guerra". É próprio dos seres vivos a *autopoiese*, quer dizer, a capacidade de renascer através da reorganização. E, por isso, nos perguntamos: como abrir processos autopoiéticos nas comunidades? E, obviamente, processos que respondam ao mais genuíno de nossa fé. Creio que o Espírito nos está respondendo através do que ele inspira também a novos profetas leigos de um novo paradigma organizativo. "É preciso reinventar as organizações".[1] Jesus certamente diria: "Não estão longe do Reino de Deus" (Mc 12,34).

---

[1] Cf. LALOUX, Frederic. *Reinventing Organizations*: a Guide to Creating Organizations Inspired by the Next Stage of Human Consciousness. Brussels: Nelson Parker, 2014. LALOUX, Frederic. *Reinventar las organizaciones*. Barcelona: Arpa Editores, 2016. DANIEL, J. *A mente organizada*: como pensar com clareza na era da sobrecarga de informação. Rio de Janeiro: Objetiva, 2015. WOLFE, Norman. *The Living Organization*: Transforming Business to Create Extraordinary Results. Quantum Leaders Publishing, 2011. CAULKINS, Douglas; JORDAN, Ann T. (eds.). *A Companion to Organizational Anthropology*. Chichester: Wiley Blackwell, 2013.

I. Novo paradigma organizativo e sua leitura evangélica

A mudança de época ocorreu num momento ruim para grande parte de uma vida consagrada envelhecida, cansada, angustiada, desapaixonada. A situação de comunidades e, inclusive, institutos desanimados e que não sabem como sair de seus círculos viciosos, preocupa-nos. O que se pode fazer? É possível recuperar a imaginação, o ímpeto de outros tempos melhores? É possível nascer de novo como organizações comunitárias, congregacionais "em missão"? É possível reencantar-se? Que função terão nisso aqueles que exercem a liderança e que função terá cada um dos seus membros? Existem formas de organizar-se de outro modo?

Para pôr em ato uma organização com alma, com sentido, com imaginação profética, neste tempo, devemos esforçar-nos por implantar um novo modelo organizativo – em nossas comunidades e congregações – que torne obsoleto o modelo atual. E essa implantação requer um passo adiante: uma nova expansão de nossa consciência.

Ao ler o que não poucos autores e autoras atuais dizem a respeito dos novos modos de organização, de trabalho em equipe,[2] de liderança e "seguidorança"[3],[4] de autogestão,

---

[2] Cf. SURIAN, Alessio (ed.). *Open Spaces for Interactions and Learning Diversities*. Rotterdam: Sense Publishers, 2016.

[3] "Seguidorança" traduz o espanhol "seguidorazgo", que, por sua vez, traduz "followership", seguindo o modelo de "liderança – liderazgo – leadership". (N.T.)

[4] Cf. SINEK, Simon. *Leaders Eat Last*: Why Some Teams Pull Together and Others Don't? New York: Portfolio/Penguin, 2014. SCHARMER,

de holocracia,[5] se percebe que suas propostas – por mais estranho que pareça – nos aproximam do sonho de Deus sobre a humanidade.

A proposta de Frederic Laloux, em seu livro *Reinventing organizations* (Reinventar as organizações)[6] é – no meu modo de ver – uma resposta adequada a esta situação e, portanto, é perfeitamente assumível pela vida consagrada. Além disso, porém, pode ser reconsiderada e completada

---

C. Otto. *Theory U: Leading from the Future as it Emerges. The Social Technology Of Presenting*. San Francisco: Berrett-Koehler Publishers, 2009. HURWIRZ, Marc; HURWIRZ, Samantha. *Leadership is Half the Story*: a Fresh Look At Followership, Leadership and Collaboration. Toronto-Buffalo-London: University of Toronto Press, 2015. BERARD, Jocelyn. *Accelerating Leadership Development*: Practical Solutions for Building your Organization's Potential. Canada: John Wiley & Sons, 2013. THOMSON, Bob. *Don't Just Do Something, Sit There*: an Introduction to No-Directive Coaching. Oxford: Chandos Publishing, 2009. GIBBONS, Dave. *The Monkey and the Fish*: liquid leadership for a third-culture Church. Zondervan, 2009. WILLS, Dick. *Walking to God's dream*: Spiritual Leadership, and Church renewal. Abingdon: Nashville, 1999. ROBINSON, Bill. *Incarnate Leadership, 5 Leadership Lessons from the Life of Jesus*. Zondervan, 2009. WEATHLEY, Margaret J. *Finding Our Way*: Leadership for an Uncertain Time. San Francisco: Berret-Koehler Publishers, 2007. WEATHLEY, Margaret J. *So Far from Home*: lost and found in our brave new world. San Francisco: Berret-Koehler Publishers, 2012. WEISBORD, Marvin; HANOFF, Sandra. *Don't just do something, stand there!* Ten principles for leading meetings that matter. San Francisco: Berret-Koehler Publishers, 2007.

[5] Cf. ROBERTSON, Brian J. *Holocracy*: the new management system for a rapidly chaging world. New York: Henry Holt and Company, 2015.

[6] Cf. LALOUX, Frederic. *Reinventing Organizations*: a Guide to Creating Organizations Inspired by the Next Stage of Human Consciousness. Brussels: Nelson Parker, 2014. Cf. Parte 1, capítulo 3: *"Evolutionary-Teal"*, onde desenvolve este modelo paradigmático que depois verificará com bastante exemplos na Parte 2: *"The Structures, Practices and Cultures"*.

como um instrumento válido para retraduzir organizativamente os grandes postulados do Evangelho em nosso tempo. Ele nos pergunta:

> De que cor é a organização – a ordem ou congregação religiosa – à qual pertenço? É "turquesa" ou vermelho, âmbar, laranja, verde?

O paradigma "turquesa" (*teal*, em inglês) propõe alguns valores que não só respondem ao momento evolutivo atual da consciência humana, mas também ao movimento que o Espírito Santo desenvolve em nosso tempo para levar em frente o projeto do Reino de Deus e a libertação que Jesus nos trouxe. Vamos comprovar isso.

1. Descrição do novo paradigma

Entre os diversos modelos organizativos que Frederic Laloux elenca e que designa com diferentes cores,[7] propõe um que é adequado – segundo ele – para o momento de desenvolvimento em que se encontra a consciência humana: é o paradigma organizativo "turquesa-holístico". Dado que cada etapa gera o seu próprio modelo, este último é o mais evoluído e complexo.

O paradigma "turquesa" holístico-integral[8] considera a organização como *um sistema vivo, um organismo vivo*, em

---

[7] O vermelho-impulsivo (ditatorial, máfias, pandilhas, *lobo-manada*), o âmbar-conformista (pirâmide hierárquica, etnocêntrico, *armada-exército*), o laranja-competitivo (competitividade, lucro, transnacional, *máquina*), verde-pluralista (pluralista, pós-moderno, *família extensa*).

[8] Ira, vergonha e culpa são frequentemente escudos de nosso "ego", mas pobres mestres para a alma.

contraposição com os paradigmas anteriores (manada, exército, máquina, família). Enquanto organismo vivo, está sempre em processo de mudança e desenvolvimento, adquirindo maior beleza e complexidade. As mudanças provêm de *todas* as células, de todos os membros, sem necessidade de um mandato central nem de um controle. Confia-se na força da vida para um misterioso porvir – que não controla o futuro, mas crê em sonhos e visões, na exuberância da vida.

O paradigma "turquesa" parte da consciência de que a vida quer ser vivida através de nós: "Deixa que tua vida fale!". Este modo organizativo favorece a vida com espírito, com alma. Trata-se de uma vida diferente do "eu" de nossa consciência diária; trata-se de uma vida que procura viver através do "eu", que é seu recipiente. Nós nos descobrimos então como expressão de algo que nos supera, como seres interconectados, imersos em múltiplas relações que nutrem nossa alma.

O paradigma "turquesa" contempla a vida como *um caminho para a realização pessoal e grupal* (e, por ser caminho, compreende as limitações, erros e desvios como possíveis, mas também superáveis). Cada pessoa não é um problema, mas um potencial em espera de desenvolvimento. O ego está, então, sob controle.

Neste paradigma de organização, as relações são "entre iguais" e não "hierárquicas", funciona pela *autogestão*, compartilha-se uma visão holística e uma entrega que reclama não só uma contribuição física mas também integral (intelectual, emocional, espiritual), que dá felicidade e plenitude. Nesta mentalidade "turquesa-holística", *são respeitadas todas as opiniões*.

Esta nova consciência nos oferece a oportunidade de *recrear a comunidade, as organizações, a partir de um novo fundamento*: a escuta mútua sobre o que somos e a visão de totalidade, em comunhão com a vida e a natureza.

2. Chave evangélica: releitura do novo paradigma organizativo

O paradigma "turquesa" defende valores que – como disse Jesus ao escriba que soube responder-lhe adequadamente – "não estão longe do Reino de Deus". Esses valores são os que a vida consagrada mais evangélica, mais aberta ao movimento do Espírito em nosso tempo já assume. No entanto, convém tomar consciência de que é assim, especialmente onde ainda se mantém um tradicionalismo rígido, que defende até o fim modelos de organização que, com a mudança de época, se tornaram obsoletos e, no momento atual da evolução humana, se tornam perniciosos.

O paradigma "turquesa" considera a organização como *um sistema vivo, um organismo vivo*, em contraposição aos paradigmas anteriores (manada, exército, máquina, família). São Paulo também considerou a comunidade cristã como um organismo vivo: "Sois o Corpo de Cristo".[9] Na Primeira Carta aos Coríntios, Paulo expressa isto magnificamente nos seguintes termos:

---

[9]   "Não sabeis que vossos corpos são membros de Cristo?... Quem se une ao Senhor faz-se um só espírito com ele" (1Cor 6,15.17). "Embora sejamos muitos, formamos um só corpo" (1Cor 10,17). "Porque quem come e bebe sem discernir o corpo come e bebe a sua própria condenação" (1Cor 11,29). "Porque, como o corpo é um só apesar de ter muitos membros, e todos os membros do corpo, embora muitos, são um só corpo, assim também é Cristo" (1Cor 12,12).

Os membros são muitos, mas o Corpo é um só... Os membros do Corpo que parecem mais fracos são os mais necessários, e os que parecem menos dignos nós os cercamos de maior cuidado... Ora, Deus dispôs o Corpo dando maior dignidade ao que dela carecia, a fim de que não houvesse divisões no Corpo, mas que todos os membros tivessem a mesma solicitude uns com os outros... Ora, vós sois o Corpo de Cristo" (1Cor 12,20-27).

Enquanto organismo vivo, a comunidade cristã está sempre em processo de mudança e desenvolvimento, adquirindo maior beleza e complexidade. O dêutero-paulinismo proclamará:

Que a paz de Cristo reine em vossos corações; nela fostes chamados para formar um só Corpo (Cl 3,15).

Ou também

E o constituiu cabeça suprema de toda a Igreja, que é o seu Corpo, a plenitude daquele que preenche tudo em todos (Ef 1,22-23).

As mudanças provêm de *todas* as células, de todos os membros, sem necessidade de um mandato central nem um controle. Confia-se na energia do Espírito, que nos levará para a plenitude. O capítulo 4 da Carta aos Efésios pode ser considerado como antecipação profética – dentro da comunidade cristã – do paradigma "turquesa". Dele extraio o seguinte texto:

Deveis despojar-vos dos velhos paradigmas (o homem velho) corrompidos por paixões enganosas, para uma transformação espiritual de vossa mentalidade, e revestir-vos da nova natureza criada à imagem de Deus. Por isso renunciai à mentira, cada um diga a verdade ao próximo, pois somos membros uns dos outros (Ef 4,22-25).

O paradigma "turquesa" parte da consciência de que a vida quer ser vivida através de nós: "Deixa que tua Vida fale!". Em nossa interpretação cristã, Cristo, que vive em nós, há de se exprimir e falar através de nós. Este modelo organizativo – interpretado em chave cristã – favorece a vida com espírito, com alma. Então nos descobrimos como expressão de algo que nos supera, como seres interconectados, imersos em múltiplas relações que nutrem a nossa alma.

A comum igualdade e dignidade de todos: este princípio coincide com a utopia de nosso Mestre, que nos disse:

A ninguém chameis de chefe, de senhor... pois sois todos irmãos (Mt 23,9).

E, de fato, na primitiva comunidade cristã a denominação comum era de "irmãos", "irmãs".

A presunção de inocência e de bondade com respeito a todo ser humano, enquanto não se provar o contrário:

Não julgueis e não sereis julgados (Lc 6,37).

A convicção de que os assuntos corporativos que nos afetam podem ser abordados *de diferentes perspectivas:*

Ver a palha no olho do outro e não ver a viga no próprio (Lc 6,42).

A constatação de que trabalhar juntos e responsavelmente, contar com todos, sem violência, força ou coação é fonte de gozo e criatividade:

> Carregar as cargas uns dos outros (Gl 6,2).

O líder é o facilitador – não o mediador – na resolução de conflitos:

> Se o teu irmão te ofender... (Lc 17,3-4).

Há uma finalidade (um propósito) à qual toda organização deve responder. Ela é fonte de entusiasmo e de cumplicidade para todos os que a formam. Em chave cristã e religiosa, essa finalidade é a missão, o carisma recebido. Missão e carisma são não tanto o "para quê?", nem o "como?", mas o "por quê?" de tudo. Esse "por quê?" há de presidir tudo o que se pensa, se inventa, se faz. Jesus o exprimiu assim:

> Buscai antes de tudo o Reino de Deus e sua justiça e todo o resto vos será dado de acréscimo (Mt 6,33).

Cada carisma coletivo na vida consagrada é um modo peculiar de buscar, antes de tudo, o Reino de Deus e sua justiça.

Não é difícil ver, por trás destes pressupostos de toda organização "turquesa", a imagem paulina do "Corpo": "Sois o Corpo de Cristo... e membros uns dos outros". A vida consagrada necessita reconhecer a si mesma como Corpo de Cristo e a cada uma de suas pessoas – consagradas no Batismo e pelo carisma recebido do Espírito – como membros desse Corpo, desse organismo vivo. A organização "turquesa" adquire, na imagem paulina do Corpo de Cristo – perfeitamente aplicável à comunidade religiosa –, uma profundidade surpreendente: todos iguais, em mútua relação, dinamismo e colaboração.

Mas como tornar operativa – em chave de organização – essa consciência de "ser corpo" e "membros uns dos outros"?

II. Para a "conversão organizacional" na vida consagrada

A organização "turquesa" funciona a partir do interior. Não pode ser imposta a ninguém. Não é uma organização que se desenvolve pelo controle e pela imposição. O seu ícone não é a manada, nem o exército, nem a máquina, nem sequer a família, mas *o organismo vivo* no qual se exprime, age e se regenera a vida. Quais são as condições necessárias para fazer com que surja na vida consagrada uma organização "turquesa"? A grande questão é: pode-se transformar em "turquesa" uma organização prévia?

> Uma transformação interna radical e um ascenso a um novo nível de consciência poderiam ser a única esperança real que temos na atual crise global, provocada pelo domínio do paradigma mecânico do Ocidente (Stanislav Grof).

O que podemos fazer para ajudar um instituto ou uma comunidade tradicional para que introduza estruturas e práticas "turquesa"?

Necessitamos *líderes que captem a ideia*, que vejam a realidade através da lente "turquesa", organizações vivas que mudem de maneira progressiva e explorar "o porquê", quer dizer, a razão carismática que dá sentido à comunidade e à sua organização. A partir daqui será mais fácil aceitar a mudança nas demais dimensões. Contudo, cada líder verá por onde é mais adequado e fecundo começar.

1. Líderes com liderança moral

Frederic Laloux acredita que nem tudo depende da liderança, ou pelo menos assim como se entende, porque também a liderança tem de mudar de paradigma:

> Existe hoje demasiada focalização na liderança, e principalmente porque se pensa que essa é a chave do êxito econômico. De fato, o grau em que um líder pode influir atualmente na configuração técnica foi substancialmente superado... Por outro lado, foi valorizado pouco demais a importância e o impacto de uma liderança moral na vida e no êxito de uma organização.[10]

Para dar o salto para o novo paradigma organizativo é absolutamente necessário que a pessoa que exerce a função de liderança se identifique, apoie e compartilhe o paradigma "turquesa": quer dizer, que adote sua cosmovisão peculiar, que contemple a realidade através dessa lente:[11]

[10] BAKKE, Dennis W. *Joy at Work: a Revolutionary Approach to Fun in the Job*. Pear Press, 2010.

[11] Porém, se continuam vendo a realidade com a lente âmbar ou laranja, ou verde, toda tentativa será inútil, não confiarão no modelo, procurarão ver se funciona para, em caso negativo, retomar o modelo

O nível através do qual os líderes tendem a ver o mundo determina o nível no qual uma organização opera (Frederic Laloux).

Este paradigma pretende realizar uma autêntica *refundação organizativa* da comunidade local ou geral. Trata-se de uma mudança de paradigma, e, portanto, de uma expressão da consciência – em si mesmo e nos outros –, de um processo complexo, misterioso, espiritual, sistêmico, emocional, intelectual.[12]

- O líder na vida consagrada deve contemplar o mundo com a lente cor "turquesa" para que suas práticas possam florescer no instituto. Neste modelo, a sua função é muito mais determinante que nos modelos tradicionais: a ele corresponde *criar e manter o espaço "turquesa"* na organização, ser mecenas do modelo.

- Pretende *fazer funcionar a auto-organização*. O líder "turquesa" não retrocede diante das dificuldades que surgem e nem por isso desconfia do modelo,

---

prévio; em última instância, considerarão o experimento "turquesa" como frívolo ou, inclusive, perigoso. Os que assumem a liderança têm de estar convencidos de que o modelo funciona, e deverão convencer os demais, compartilhando relatos, organizando visitas aos que atuam a partir desse modelo.

[12] Cf. KOFMAN, Fredy. *La empresa consciente*. Alfaguara, 2010. RUIZ, Miguel. *Los cuatro acuerdos*: un libro de sabiduría tolteca. Urano, 1998. ROSENBERG, Marshall. *Comunicación no-violenta*: un lenguaje de vida. Gran Aldea Editores, 2006. GITTINS, Anthony J. *Ministry at the margins*: Strategy and Spirituality for mission. Orbis Books, 2002.

nem permite que outros desconfiem. Para não privar o modelo de credibilidade, o líder renuncia aos mecanismos de controle;[13] protege uma cultura baseada na dignidade, no mérito e na honestidade de cada irmão ou irmã de congregação.

- Quem exerce a liderança tem a responsabilidade de *tornar crível o novo paradigma* e anunciá-lo como uma boa notícia; sua *liderança moral* é absolutamente necessária para que a organização se autogoverne. Assume – como fundamento de autogestão – aquele princípio do antigo Direito Justiniano: *Quod omnes similiter tangit, ab omnibus comprobetur* (O que afeta a todos, seja tratado por todos).

- O líder *não é um Hércules que carrega o mundo* nos seus ombros. É, antes de tudo, *um facilitador* que ajuda a criar espaços nos quais os outros possam expressar-se com toda a sua energia e poder. Com esta autoridade moral, o líder configura profundamente a organização.

- A pessoa que exerce a liderança não toma uma decisão sem assessorar-se, sem consultar aqueles que afetam suas decisões, ou aqueles que contam com uma experiência relevante. Cada questão inovadora que se apresente afetará muitas pessoas. Nas

---

[13] Quando surge um problema, esta liderança confia na capacidade dos que se sentem afetados: convoca para que tentem e ofereçam soluções. Esta *confiança é hoje contracultural*, mas é um passo qualitativo para a frente.

organizações tradicionais, todas essas decisões são tomadas "a partir de cima". Nas organizações "turquesa" se requer que um amplo grupo de pessoas seja consultado. Mas como se pode fazer isso? Se a organização é pequena, aproximando-se de cada um... Se é ampla, pode-se abrir um *blog* onde cada um possa pôr o seu *post*. Se a iniciativa ainda não está madura, é necessário refiná-la e propô-la de novo.

- O que parece arriscado numa organização tradicional é maravilhosamente eficiente numa "turquesa". Equivocar-se-ão em alguma ocasião, mas nunca devem ocultar-se debaixo de uma máscara profissional, porque então os outros não assumirão o risco de *mostrar-se sem máscaras*. Os líderes com humildade, confiança, coragem, candura, vulnerabilidade e autenticidade convidam os demais a assumir os mesmos riscos.

- Aqueles que exercem a liderança na vida consagrada recordam constantemente aos outros que estão a serviço de um carisma recebido do Espírito através dos fundadores ou fundadoras, e não de seu próprio projeto ou causa, de seu "ego". Trata-se de um carisma coletivo que os transcende como indivíduos. O importante não é buscar o êxito como um fim em si mesmo, nem entrar em competição com outros, mas pôr-se incondicionalmente a serviço do carisma herdado e vivo, que é a razão de ser da organização.

Este tipo de liderança encontrará normalmente boa acolhida daqueles que estão nos níveis inferiores de decisão: agrada-lhes que se confie neles e se lhes amplie o espaço de tomada de decisões, em vez de sempre lhes dizer o que devem fazer. Aqui pode acontecer aquele dito evangélico: os cegos veem, os surdos ouvem, os coxos andam, os indecisos tomam decisões.

De resto, o líder na vida consagrada é um irmão entre irmãos.

Se um líder quer realmente que a mudança aconteça e oferece a ajuda necessária, a mudança ocorrerá. Obviamente, no início, encontrará resistência quanto às estruturas e práticas dos altos e médios comandos, não acostumados à autogestão. Mas também se pode esperar que, se compreendem e confiam nas intenções do líder, a maioria das pessoas esteja à altura da oportunidade que se oferece a elas para que a organização se reinvente.

2. Fontes de energia para uma organização viva

Para que uma congregação ou uma comunidade se comporte como uma organização viva, deve tirar a sua força de três campos energéticos que funcionem simultaneamente:[14]

- a *atividade* dos membros da comunidade, que tira a energia daquilo que se faz e de como se faz;

---

[14] WOLFE, Norman. *The Living Organization*: Transforming Business to Create Extraordinary Results. Quantum Leaders Publishing, 2011.

- as *relações* e interações mútuas dos membros da comunidade, que são outra fonte de energia através daquilo que se comunica e do modo de comunicá-lo;
- e, finalmente, o *contexto* no qual a comunidade se localiza, que tem muito a ver com a missão carismática que é a sua razão de ser e de atuar.

O contexto é o campo energético mais importante e, depois dele, as relações mútuas.

A combinação destas três fontes energéticas abre para uma comunidade o caminho para "o mágico".

3. *O poder do contexto: os pinguins, criaturas estranhas*

Frederick Laloux extrai da natureza uma imagem enormemente instrutiva que pode servir de excelente metáfora para explicar o poder que o contexto tem. Fala-nos dos "pinguins, criaturas estranhas":

> Com pernas curtas demais para ser cômodas, em vez de caminhar, avançam aos saltos, com o peso do corpo sobre um pé e depois sobre o outro. Animal desajeitado! São nadadores extremamente dotados; rápidos, ágeis e joviais debaixo da água; podem nadar mais de 4.000 milhas com a energia de um galão de combustível (2.000 km por litro). Em termos de eficiência, não existe máquina humana que se aproxime deles.[15]

A lição é a seguinte: quem num contexto parece enormemente desajeitado, em outro contexto é genial.

---

[15] LALOUX, op. cit.

Acontece o mesmo com as organizações, com as comunidades: em determinados contextos são desajeitadas, pesadas; mas em seu contexto autêntico mostram uma enorme vitalidade, jovialidade, fluidez... a vida na água dos pinguins. No paradigma "turquesa", a pessoa tem uma motivação *intrínseca* para fazer o correto segundo valores e requisitos internos.

> Boa parte do que chamamos *management* consiste em tornar mais difícil o trabalho para a outra pessoa (Peter Drucker). O que é difícil ou impossível num paradigma, é fácil ou até trivial em outro (Joel Barker).

4 COMUNIDADES LIDERADAS PELO ESPÍRITO: LÍDERES E COLABORADORES

O tema da liderança na vida consagrada não se reduz àquilo que os expertos leigos no tema nos dizem, que já é muitíssimo; alguém afirmou com humor que, se nos dedicássemos a ler todos os livros que aparecem em *Amazon. com* sobre liderança, passaríamos toda a vida lendo e ainda assim não teríamos acabado. Ao aplicar à vida consagrada o conceito de "liderança" é preciso levar em conta os elementos que nossa fé traz. Estes elementos são fundamentalmente dois: *a liderança do Espírito* e *o seguimento de Jesus, nosso Senhor*.

Liderança e seguimento são correlativos. Surpreendentemente, cada vez mais expertos entendem a liderança como uma complexa interação entre líderes e seguidores; a liderança necessita da colaboração entre eles e, desse modo, vão se apagando – cada vez mais – as delimitações entre as duas realidades. Isto significará que, aqueles que pensam assim a liderança e o seguimento, "não estão longe do Reino de Deus" (cf. Mc 12,34)?

Esta reflexão tenta oferecer chaves de ação para uma melhor organização de nossos grupos e comunidades e uma missão mais incisiva e eficaz. Para isso me pergunto: como entender a condição de líder e de seguidor, hoje, já na segunda década do século XXI? Como aplicar isso à Igreja e, concretamente, à vida consagrada?[1] Como exercer uma liderança associada e subordinada ao Espírito, inspiradora e alternativa, em nosso tempo e na situação em que se encontram os nossos institutos? E como coordenar isso com quem são os destinatários dessa liderança: os que seguem o líder ou a líder?

Dividirei a minha reflexão em cinco partes:

1) Liderança inclusiva e colaboradores: mudança de paradigma;

2) Líderes e seguidores: em direção a uma identidade criativa, narrativa;

3) Rumo a uma liderança do "por quê?": associada à liderança do Espírito;

4) A liderança na Igreja e na vida consagrada;

5) O método apreciativo (Visão).

---

[1] Faz alguns anos, publiquei na revista da União Internacional de Superiores Gerais (UISG) um artigo no qual abordei o tema da liderança no Espírito partindo de cinco porquês: 1) a mudança de linguagem: de governo a liderança; 2) a mudança de centro: de visão eclesiocêntrica à teocêntrica; 3) a mudança de modo: da liderança hierárquica à participativa; 4) a mudança de perfil: da liderança executiva para uma liderança simbólica e transformadora; e 5) mudança de objetivo: de uma liderança de mero governo a uma liderança de serviço de autoridade. Cf. GARCÍA PAREDES, José Cristo Rey. El reto del liderazgo en la vida consagrada: una visión teológica para nuestro tiempo. *UISIG* 149 (2012) p. 34-39.

I. Liderança inclusiva e colaboradores: mudança de paradigma

1. O paradigma que se torna obsoleto

A visão tradicional de um líder que manda, que é chefe e diretor, corresponde a um paradigma já caduco.[2] Emerge um novo paradigma que implica tanto líderes como seguidores e os modifica. O nosso mundo mutante e caótico requer isso. Chegou o momento de abraçar uma nova forma de pensar e de agir; de assumir o que é um novo paradigma: um novo sistema de conceitos, pressupostos, valores e métodos ou técnicas para construir uma comunidade em dinamismo missionário.

O paradigma obsoleto põe o seu foco na pessoa do líder como indivíduo, como se fosse um herói. E o resultado é uma pessoa que se converte em líder (controlador de eventos e das pessoas), e os demais se convertem em seguidores, subordinados, súditos, multidão, ou massa, que segue o líder. Supõe-se que um líder deste tipo seja inteligente e confie em si mesmo, tome decisões, seja íntegro, sociável, forte mental e psiquicamente, capaz de enfrentar os problemas e dificuldades. E, correlativamente, os seguidores ou seguidoras desse líder devem ser leais, moldáveis, assistentes, servidores, inferiores, subordinados, dependentes, de segunda categoria. Se o líder é forte, o seguidor é maleável; se o líder é ativo, o seguidor é passivo.

---

[2] STECH, Ernest L. A New Leadership-Followership Paradigm. In: RIGGIO, Ronald E.; CHALEFF, Ira; LIPPEN-BLUMEN, Jean (eds.). *The Art of Followership*: How Great Followers Create Great Leaders and Organizations. San Francisco: B-Jossey-Bass, 2008, p. 42-52.

2. O paradigma alternativo: liderança colaborativa

Um novo paradigma foi iniciado com a proposta de grandes propugnadores de uma mudança na compreensão e na configuração da liderança.[3]

Embora nos últimos anos se tenha escrito bastante sobre a "seguidorança" (*followership*) como o termo correlativo a "liderança" (*leadership*),[4] não poucos pensam que a denominação de "seguidores-seguidorança" seja inadequada, como "melodia discordante com a melodia que ressoa em nossa cultura e nas culturas de muitas partes do mundo", e um conceito "fora de moda".[5] Esta linguagem de "líderes" e "seguidores" pode supor que o seguidor não exerce nenhuma liderança, nem o líder nenhuma forma de seguimento; o que é seguido não faz parte da definição do seguidor, embora nem todos os autores considerem a correlação líderes-seguidores dessa maneira.[6] Comparando com

---

[3] Cf. ROST, J. C. *Leadership for the Twenty-First Century*. Westport: Praeget, 1993. ROST, J. C. "An Outmoded Concept". Presentation at the Kravis-de Toulet Rethinking Followership Conference Claremont, California, 2006. WHEATLEY, M. J. *Leadership and the New Science*. San Francisco: Berret-Koeler, 1999. Idem. *Turning to One Another*. San Francisco: Berret-Koeler, 2002. MASLOW, A. *Maslow on management*. Hobojen: Wiley, 1998.

[4] HARRIES, Harriet. Authority, followership and *humbition*. *Modern Believing* 54 (2013) 3.12.

[5] ROST, Joseph. Followership: an outmoded concept. In: RIGGIO, Ronald E.; CHARLEFF, Ira; LIPMAN-BLUMEN, Jean (eds.). *The Art of Followership*: how great followers create great leaders and organizations. San Francisco: B-Jossey-Bass, 2008, p. 53-64.

[6] RIGGIO, Ronald E.; CHARLEFF, Ira; LIPMAN-BLUMEN, Jean (eds.). *The Art of Followership*: how great followers create great leaders and organizations. San Francisco: B-Jossey-Bass, 2008, p. 57.

a imagem bíblica, um é o pastor e os outros são as ovelhas; comparando com a linguagem tradicional na vida religiosa, um é o superior e outros são os súditos. Os seguidores – neste modelo – nunca participarão na tomada de decisões do líder – a quem compete a última palavra e decisão.

O mundo real do século XXI, porém, nos oferece "seguidores" críticos, ativistas que não acatam as diretrizes do líder e fazem surgir, por sua vez, "outras lideranças". Na economia pós-industrial do século XXI, a liderança é definida como uma relação mútua na qual líderes e seguidores colaboram, porque ambos estão mutuamente implicados na mesma direção e porque são interdependentes num processo comum. O conceito de "seguidor é disfuncional e, inclusive, destrutivo, e se prefere utilizar a palavra *colaboradores* ou *liderança colaborativa* como nome do novo paradigma".[7] A palavra "colaboradores" soa mais inclusiva, mais ativa, influente e responsável. Se tanto líderes como seguidores levam adiante o processo da liderança, é óbvio que não é necessário falar de um processo separado de "seguidorança".

Conectam com o espírito do nosso tempo canções que no passado mobilizaram "aquela juventude revolucionária", como o *Power to the People*, o *Give Peace a Chance* de John Lennon, ou o coro final do musical *Les Misérables* – superaplaudido em muitíssimas representações por todo o mundo –, que clama assim:

---

[7] ROST, Joseph. Followership: an outmoded concept. In: RIGGIO, Ronald E.; CHARLEFF, Ira; LIPMAN-BLUMEN, Jean (eds.). *The Art of Followership*: how great followers create great leaders and organizations. San Francisco: B-Jossey-Bass, 2008, p. 57.

Ouves o povo cantar? Perdido no vale da noite! É a música de um povo que está subindo para a luz... Há uma chama que nunca se apaga. A noite mais escura acabará. O sol se erguerá de novo. Viverão de novo em liberdade no jardim do Senhor... Não ouves o povo cantar? É o futuro que eles trazem, quando a manhã chega, a manhã chega.

Muitas outras canções da cultura popular apontam na mesma direção. E este espírito não concorda com a palavra "seguidor" de um líder. Os movimentos populares dos últimos cinquenta anos não animam as pessoas a ser seguidoras, mas antes a reconhecer a sua dignidade, os seus direitos civis, a sua libertação, a sua dimensão ecológica e inter-relacional. Convidam as pessoas a reivindicar, a pedir respeito pela diversidade. O próprio Concílio Vaticano II chamou o povo de Deus a ser Igreja e não hierarquia. A liderança deve ser levada adiante não só pelo líder, mas também por todos e entre todos, em colaboração.

Esta não é uma chamada à "anarquia". Não se diz que os líderes não sejam necessários; mas sim que sozinhos nunca poderão fazer nada importante. Estes movimentos populares nos dizem que é necessário transformar as organizações, os governos, as culturas, as igrejas, as religiões. Nenhum dos movimentos atuais chama os líderes para que lhes desenhem o futuro; antes, convocam todos para colaborar como povo ativo, responsável, assertivo, transformador, na criação do futuro melhor.

Como dizia Thomas Friedman em seu *best-seller The World is flat* (O mundo é plano):[8] se o mundo é plano,

---

[8]   FRIEDMAN, Thomas I. *The World is Flat*. New York: Farrar, Straus & Ginoux, 2005.

não há lugar para superiores e inferiores, líderes e seguidores; a implicação das pessoas em processos dinâmicos de transformação é sentença de morte para hierarquias, autoritarismos, elitismos e poder derivado da riqueza e da corrupção.

Contudo, não podemos negar que persiste o movimento conservador que chama o povo a ser obediente, a confiar nos valores e tradições e a sacrificar-se pelas causas dos líderes. Trata-se desse contexto que diz: "Não faças perguntas; faze simplesmente o que digo". É a forma de reinstaurar a "seguidorança".

Aqui devemos perguntar-nos: o que se espera dos não líderes nas relações de liderança? Poderia alguém que não é líder converter-se episodicamente em líder? E poderia algum líder converter-se episodicamente em não líder? Existe em nossos modelos de liderança a possibilidade de que um grupo de liderança original proponha uma mudança significativa?

Necessitamos uma mudança em nossa visão da liderança para mudar a nossa visão dos denominados "seguidores". A liderança colaborativa pede mais dos líderes que dos seguidores. Hoje é amplamente aceito que a liderança não pode ser totalmente compreendida se não for considerada a função dos seguidores no processo.[9] Supõe-se que a identidade do líder e a dos seguidores são constructos sociais, entrelaçados entre si, que podem transformar-se uns

---

[9] UHL-BIEN, M.; RIGGIO, R.E.; LOWE,K. B.; CARSTEN, M. K. Followership Theory: a Review and Research Agenda. *The Leadership Quarterly* 25 (2014), p. 88 (p. 83-104).

nos outros.[10] Líderes e seguidores estão inextricavelmente conectados na construção do que é ser líder e seguidor.

E desde já é importante afirmar que a liderança há de ser "inclusiva" e não excludente: sem distinções de gênero, raça, tendência, partido! É preciso superar os estereótipos do líder, como, por exemplo, que a palavra "líder" evoque inconscientemente "homens".[11]

II. Líderes e seguidores: para uma identidade criativo-narrativa[12]

Quando um grupo, uma comunidade ou uma organização atua criativamente, a identidade grupal, comunitária ou organizacional vê-se submetida a uma mudança permanente,

---

[10] BAKER, S. D. Followership: The Theoretical Foundation of a Contemporary Construct. *Journal of Leadership & Organizational Studies* 14 (2007), p. 50-60.

[11] Cf. BLIGH, M. C.; ITO, A. Organizational Processes and Systems that Affect Women in Leadership. In: MADSEN, S. R. (ed.). *Handbook of Research on Gender and Leadership*. Edward Elgar Publishing, 2017, p. 287-303. BRAUN, S.; SEGMANN, S.; HERNANDEZ BARK, A. S.; JUNKER, N. M.; VAN DICK, R. Think Manager-Think Male, Think Follower-Think Female: Gender Bias in Implicit Followership Theories. *Journal of Applied Social Psychology* (2017). HASLAM, S. A; RYAN, M. The Road to the Glass Cliff: Differences in the Perceived Suitability of Men and Women for Leadership Positions in Succeeding and Failing Organizations. *Leadership Quarterly* 19 (2008), p. 530-546.

[12] ROUND, Heather. Leaders and Followers: Co-constructing a Creative Identity. In: ADAPA, Sujana; SHERIDAN, Alison (eds.). *Inclusive Leadership*: Negotiating Gendered Spaces. Armidale, New South Wales Australia: Palgrave Macmillan, 2018, p. 150-178.

a uma remodelação, reconfiguração, reorganização. Em momentos de criatividade, há realidades que mudam e evoluem e, portanto, repercutem na identidade coletiva. A identidade surge como múltipla e contextual, fraturada e fragmentada; em estado de criatividade, as identidades estão sendo continuamente reconstruídas e negociadas.[13]

1. Criatividade e identidade narrativa

A identidade não é estática, a identidade é "narrativa" (Paul Ricoeur); é um relato constante. Daí a importância da criatividade como geradora de identidade. O líder é aquela pessoa que cuida da identidade narrativa e promove a capacidade criadora que surge "entre todos".

Durante muito tempo, a capacidade de criação ficou confinada às artes e às ciências. Ultimamente também se fala de capacidade criadora no âmbito das organizações; a criatividade por meio de novas tecnologias e estratégias é crucial para a sua sobrevivência. Criatividade e inovação estão profundamente conectadas. Para isso é necessário que a criatividade organizacional conte não só com pessoas que tragam a sua fantasia e imaginação (sonhadoras), mas também com pessoas que resolvam as dificuldades que o desenho do sonho implica (desenhadoras, plasmadoras, solucionadoras de problemas emergentes).

As pessoas com dotes especiais para a criatividade – e é importante que os líderes o tenham em conta – necessitam

---

[13] Foi demonstrado que o trabalho que os indivíduos fazem, em particular o papel no trabalho que ocupam, tem um impacto significativo em como se definem e se identificam.

independência pessoal, poder e o adequado estado emocional. Os líderes interessados em acrescentar o nível de criatividade de sua comunidade ou organização hão de prestar atenção na conexão entre identidade e conduta e considerar o impacto da liderança em ambas. Se a conduta criativa é vista como vital para a organização, então é preciso saber que, ali onde há mais altos níveis de diversidade e de complexidade, há mais oportunidades para atuar criativamente. É próprio do líder, portanto, cuidar da identidade criativa, narrativa; e por isso procura promover a criatividade dos seguidores ou colaboradores. Líderes e seguidores ou colaboradores estão implicados e conectados na coconstrução da liderança, embora com funções diversas.

2. Seguidores responsáveis criam mudança e mudam os líderes

Não influem os estudantes nas políticas universitárias, os operários nas políticas empresariais, a sociedade civil nos governos? Existem relações mútuas entre líderes e seguidores, seguidores e líderes. Influem-se mutuamente. À entrega do líder respondem seguidores que dão o melhor de si mesmos. À indolência do líder responde uma indolência generalizada. Um grupo entusiasta transforma o seu líder. Um grupo deprimido o manipula, o ridiculariza, o desenergiza. Por isso é tão importante *a formação para um seguimento responsável*.

Podemos também imaginar quão importante é isto na configuração e atuação do grupo de conselheiros ou conselheiras nos governos gerais, provinciais ou locais!

A liderança se configura de uma ou outra maneira segundo o contexto. Quem é líder na comunidade pode deixar de ser quando está reunido num nível distinto (provincial ou geral). Não há ocasiões nas quais uma criança tem dependente de si toda a sua família e todos a seguem? Também os líderes se convertem em seguidores dependendo do espaço que ocupam. Às vezes não se sabe quem lidera realmente: talvez seja um conselheiro com suas propostas enérgicas ou com seus silêncios; um administrador com suas gestões ou seus ultimatos... Nas instituições religiosas ninguém se erige como última instância; somos parte do corpo da Igreja. Jesus nos dizia: "A ninguém chameis Senhor, um só é vosso Senhor" (Mt 23,8-9).

Para que a liderança seja efetiva, é preciso estabelecer uma conexão de aliança com os seguidores, e não uma conexão de imposição unilateral. O antropólogo e sacerdote católico Anthony Gittins conta uma história que lhe aconteceu quando atendia um grupo de mendigos em Chicago. Ele mesmo escolhia para eles o menu e oferecia a comida. Com estranheza observou que os mendigos não gostavam. Perguntou a eles: "Vocês não gostam da comida?". E uma idosa respondeu-lhe:

> O problema é que você não nos pergunta. Se você perguntasse, a comida seria de nossa escolha e não só da tua.[14]

Este fato o levou a rever o seu estilo de serviço e autoridade. Teve coragem de denominá-lo "estilo colonial".

---

[14] GITTINS, Anthony J. *Ministry at the Margins: Strategy and Spirituality for Mission*. Maryknoll: Orbis Books, 2002, p. 155-156.

Reconheceu que entre os mendigos ele era um estranho, um adventício; mas na sua ânsia de ajudar e servir atuava como o anfitrião que determina as normas de sua hospitalidade, como um colono em terra indígena.

Quando alguém se sente anfitrião, tende a "ter tudo sob controle" "a ter a iniciativa", a transformar o hóspede em refém.

Tem sido frequente nos últimos anos falar de *liderança de serviço* (*servant leadership*); isto não só foi aplicado à liderança no cristianismo como também nos negócios e em instituições não religiosas. Esta forma de entender a liderança me lembra da clássica fórmula da *missio ad gentes*: quando é explicada como ir ao outro para lhe servir a verdade, o Evangelho, a libertação, a luz, tirá-lo da pobreza, da ignorância etc. A *missio ad gentes* se torna ofensiva quando não se reconhece, ao mesmo tempo, que o Espírito atua já prévia e permanentemente naqueles que vão ser evangelizados e que estes também "evangelizam": neles e nelas estão as "sementes do Verbo", "a presença do Espírito"; por isso, o episcopado asiático preferiu a expressão *missio inter gentes et cum gentibus*.

A missão *inter gentes* se desenvolve como diálogo de vida, de sentimentos: é preciso respeitar a dignidade do "outro" e aquilo que Deus suscita no "outro". O mesmo que acontece na *missio ad gentes* pode suceder com o anfitrião, que determina o que se há de oferecer ao hóspede, sem contar com ele: em lugar da expressão "liderança de serviço" (*servant leadership*) se prefere a de "liderança transformadora" (*transformational leadership*).

Este tipo de liderança convida a uma maior participação de todas as partes.[15] Não se designa de "seguidores" aqueles que hão de ser servidos, mas aqueles com quem se está em Aliança.

3. A liderança transformadora, humilde e ambiciosa

A liderança transformadora não concede ao líder o monopólio da transformação. Suscita iniciativas e leva os seguidores além das supostas competências e a interpretar as situações, às vezes, inclusive, com insubordinação. Seguidores responsáveis são aquelas pessoas que se caracterizam por ser ativas, críticas, e por saber discernir quando é necessário, de forma independente, o que se deve fazer em determinadas circunstâncias.

Quando Jesus, líder e mestre, lavou os pés dos seus discípulos na última Ceia, deixou de lado o espaço da liderança. Os seguidores, ou pelo menos alguns deles, não fizeram que deveriam fazer provavelmente por causa do código mediterrâneo da honra e da vergonha. Ninguém quereria mostrar-se como inferior aos outros. Jesus assumiu esse papel e gerou um momento transformador, subversivo. Se uma das mulheres discípulas o tivesse realizado, não teria tido tanta força subversiva. Era, infelizmente, o que se esperava delas!

A correlação entre líder e seguidores não implica a renúncia à própria identidade. Jesus a perdeu ao atuar como

---

[15] Também este tipo de liderança pode ser mal interpretado quando o adjetivo "transformador" é aplicado ao velho paradigma de liderança. Cf. a crítica de TOURISH, Dennis. *The Dark Side of Transformational Leadership*. A Critical Perspective. New York: Routledge, 2013.

servo; no entanto, os seus discípulos – entre eles Simão Pedro – pensavam a identidade de Jesus de outra maneira, como incompatível com esse tipo de serviço:

> Jesus levantou-se da mesa, tirou o manto, tomou uma toalha e amarrou-a na cintura. Depois derramou água numa bacia e começou a lavar os pés dos discípulos e a enxugá-los com a toalha com que estava cingido. Ao chegar a Simão Pedro, este lhe disse: "Senhor, tu me lavas os pés?" Jesus respondeu-lhe: "O que estou fazendo não o entendes agora, mais tarde o compreenderás". Disse-lhe Pedro: "Jamais me lavarás os pés". Jesus respondeu-lhe: "Se não te lavar os pés, não terás parte comigo". [...] Depois de lavar-lhes os pés, vestiu o manto, pôs-se de novo à mesa e perguntou-lhes: "Compreendeis o que vos fiz? Vós me chamais Mestre e Senhor e dizeis bem, porque o sou. Se pois eu, Mestre e Senhor, vos lavei os pés, também vós deveis lavar os pés uns dos outros. Dei-vos o exemplo para que façais o mesmo que eu vos fiz. O servo não é maior do que o seu Senhor, nem o enviado maior do que quem o enviou. Se compreenderdes isto e o praticardes, sereis felizes" (Jo 13,3-8.12-17).
>
> Jesus não lavou os pés dos discípulos como serviço simplesmente, mas, sobretudo, para iniciar neles um processo de transformação: "Dei-vos o exemplo para que façais o mesmo que eu vos fiz". Esta é a liderança transformadora.

Necessitamos de uma liderança que nos inspire e nos faça partícipes apaixonados de um sonho, e não uma liderança que nos exija simplesmente submissão a um plano preestabelecido e nos converta em colaboradores forçados que só se atêm ao prescrito ou contratado; tampouco uma liderança paternalista ou maternalista que assuma as obrigações que são próprias daqueles que são autênticos colaboradores e colaboradoras. Necessitamos líderes aos quais seguir não por obrigação, mas por amor a uma causa, por implicação num "*éthos* comunitário", por amor ao Reino de Deus: não porque "temos que", mas porque "queremos".

Nesse "querer" devem estar implicadas duas virtudes aparentemente contrapostas: a ambição e a humildade. O filósofo alemão Walter Kaufmann, em seu livro *A fé de um herege*, dizia que estas duas realidades – "ambição" e "humildade" – não estão em contraposição. Necessitamos de uma ambição com as asas da humildade e uma humildade com as asas da ambição. Por isso ele inventou a palavra "*humbition*".[16]

Há pessoas religiosas que se prezam de não ter ambições. Noutros contextos, como os negócios ou a indústria, a ambição é bem-vista, não envergonha e impressiona. Na Igreja, ao contrário, falar de ambição não é considerado correto. Valoriza-se a humildade e a mansidão: "Aprendei de mim que sou manso e humilde de coração"; "Aquele que quiser ser o primeiro, que se faça o último e servidor de todos".

Com respeito à ambição é preciso dizer, como de todas as paixões, que tem um lado luminoso. Os lados escuros

---

[16] KAUFMANN, Walter A. *The Faith of a Heretic*. Princeton and Oxford: Princeton University Press, 2015. "Ambition and humility are not two virtues: taken separately, they are not admirable. Fused, they represent the first cardinal virtue. Since there is no name for it, we shall have to coin one – at the risk of sounding humorous – humbition". [Ambição e humildade são duas virtudes: tomadas separadamente, elas não são admiráveis. Fundidas, representam a primeira virtude cardeal. Como não há nome para isso, vamos cunhar um – com o risco de soar humorístico –: humbição.]

emergem quando se peca por excesso ou por defeito. Então a ambição passa de angélica a diabólica. Jesus não nos ensinou a fazer os talentos recebidos produzirem, a fazer germinar a semente, a não esconder a própria luz, a ser o sal da terra, ou a ser como as virgens prudentes e não como as tolas?

Ambição e humildade não são palavras contraditórias. Existe uma ambição com as asas da humildade e uma humildade com as asas da ambição. Não só se deve dizer "não julgues e não serás julgado" como também "julga e arrisca-te a seres julgado". Quer dizer, a ver-te pelos olhos dos demais.[17]

Há uma humildade que é covardia, pusilanimidade, ocultamento da própria luz. A mansidão foi para Jesus a forma de sua audácia configurar-se.[18]

III. Para uma liderança do "por quê?": associada à liderança do Espírito

1. Comecemos com um relato

William Paul Young, em sua novela *A cabana*, retraduz de forma literária e simples aquela grande verdade da doutrina tradicional trinitária da *perichóresis*. Mostro aqui dois textos.

No primeiro, Mack – protagonista da novela – expressa a sua experiência do Deus-Trindade com estas palavras:

---

[17] KAUFMANN, Walter. *The Faith of a Heretic*. Garden City: Anchor Books, 1963, p. 305.

[18] JAMIESON, Penny. *Living at the Edge*: Sacrament and solidarity in Leadership. London: Mowbray, 1997.

Nunca tinha visto três pessoas repartir com tanta singeleza e beleza. Cada um parecia mais atento aos outros do que a si mesmo... Gosto de como se tratam. Certamente, não esperava que Deus fosse assim.[19]

No segundo, o Espírito oferece a Mack a seguinte explicação:

Mackenzie, nós não temos nenhum conceito de autoridade suprema entre nós, só unidade. Estamos num círculo de relação, numa cadeia de mando, ou "grande cadeia do ser", como a chamaram os teus antepassados. O que vês aqui é relação sem nenhuma capa de poder. Não necessitamos poder sobre o outro, porque sempre buscamos o melhor. A hierarquia não teria nenhum sentido entre nós. Na realidade, este problema é vosso, não nosso.[20]

A liderança religiosa brota do Deus triuno. Deus é a fonte da liderança cristã. Não lideramos por Deus nem em nome de Deus, mas participando na liderança de Deus. Graham Buxton escreveu muito acertadamente:

Ter uma visão do ministério é ter uma visão de Deus em seu ministério.[21]

Este é o grande porquê da liderança cristã, do qual em seguida falarei seguindo a linha de pensamento de Simon Sinek.

---

[19] YOUNG, W. Paul. *La cabaña*. Editorial Planeta Mexicana, 2009, p. 176-177. [Ed. bras.: *A cabana*. São Paulo: Arqueiro, 2008].

[20] Ibid., p. 177-178.

[21] Cf. BUXTON, Graham. *Dancing in the Dark*: The Privilege of Participating in the Ministry of Christ. London: Paternoster, 2001, p. 252.

2. Onde situar a liderança?

Ele se pergunta: qual é o segredo de uma liderança inspiradora, mobilizadora, revolucionária? Simon Sinek, um estudioso da antropologia, em seu livro *Start with Why* [A chave é o porquê] expôs em 2009 a sua teoria sobre o modo de converter-se em líderes efetivos que inspiram a mudança; ele o denominou "o círculo de ouro": pede que imaginemos três círculos concêntricos; o mais exterior é o círculo do "para quê?", o intermédio é o círculo do "como?" e o mais interior é o círculo do "por quê?".

a) A liderança do "para quê?" e do
"como?": resultados, modos!

Há uma liderança totalmente voltada para a obtenção de resultados e o crescimento: do número, da economia, do prestígio, da presença social... A liderança dos resultados mobiliza as pessoas por obrigação; serve-se da chantagem do poder ("Se não te envolves nisto, atenta para as consequências, depois não peças favores"; "Se não colaboras com o sistema, o sistema não colaborará contigo"). Os que têm em mente esse tipo de liderança, quando pedem contas, o fazem unicamente esperando resultados.

Este tipo de liderança está presente na Igreja, na vida religiosa. Há grupos que "crescem" em número, que multiplicam as suas atividades, que buscam bons resultados econômicos. Os efeitos de tal forma de governo surpreendem, mas não iludem. Deixam sempre vítimas à beira da estrada. Os dóceis são muito bem-vistos pela instituição; tornam-se imprescindíveis. Os que admiram este tipo de liderança aduzem sempre "resultados", êxitos. O importante neste tipo de liderança é "o que se faz".

O outro modelo de liderança se fixa mais no "como?", na estética, na capacidade de comunicação. Interessa-se muito pela forma. Essa é a liderança que se vende através de um cuidado *marketing*. Investe-se bastante nele. Apresentam-se planos de governo em belos diagramas, fazem-se deles belas apresentações. As pessoas assistem ao espetáculo oferecido, mas sentem-se movidas a implicar-se em algo diferente?

Podemos dizer que um tanto por cento das instituições e das pessoas centram a sua atenção em "como fazem?". Quando os resultados não são de todo satisfatórios, se reconhece pelo menos que "se fez tudo o que se pôde". Porém, as instituições e seus líderes se mantêm no nível do "como?".

Dentro da vida religiosa temos novas equipes de governo que revolucionaram o "como?" ante a admiração das velhas gerações, que reconhecem não saber apresentar as coisas assim. Surge, no entanto, a questão: e tudo isso para quê?

O "para quê?" e o "como?" não bastam; nem sequer são o caminho. É preciso chegar a eles, mas em sentido oposto: do "por quê?" até o "como?", para chegar ao "para quê?".

b) A liderança do "por quê?"

Muito pouca gente se pergunta por que faz o que faz, também muito poucos líderes. Embora não se esteja totalmente convencido, continua-se fazendo o que se fazia. A pergunta pelo porquê se torna incômoda, perigosa, rompe com o passado. Por isso, as instituições tendem a evitar essas perguntas radicais.

A pergunta do porquê é fundamental para a vida religiosa: "Qual é a nossa missão? Quem determina a nossa missão? Qual é a nossa razão de ser? Por que é importante para o mundo, para a sociedade, nossa igreja, nossa congregação, nossa comunidade? A que estamos chamados?". Nenhum instituto ou comunidade tem vocação de fotocópia. A pergunta por essa identidade é vital.

Esta é a liderança que responde a uma vocação, a uma crença. O que se pretende não é "ganhar o mundo inteiro", mas "salvar a alma, a vida, a inspiração", realizar um sonho. Só a fé move montanhas. A fé requer "não duvidar" para não afundar.

Descobrir o "porquê" tem muito a ver com a inspiração, não simplesmente com um processo discursivo. A inovação necessária em determinados momentos é concedida como carisma, como dom. Aqueles que se deixam levar pela autêntica inspiração, pelos sonhos aparentemente impossíveis, por uma causa, uma crença, um ideal, facilmente encontram outros sonhadores ou sonhadoras que compartilhem o sonho, que "desejem" participar em sua realização. O importante para elas e eles não é planificar imediatamente, mas deixar que o sonho os mobilize rumo ao impossível.

A liderança do "por quê?" introduz nas instituições, nas organizações, perguntas e respostas inovadoras, capacidade para descobrir milagres e não focar-se nos problemas.

Os líderes inspiradores, as organizações inspiradas – independentemente do seu tamanho, de sua localização – não dão a primazia aos resultados para depois perguntar-se pelo "como?" e, finalmente, pelo "por quê?", mas partem do "por quê?" para descobrir depois o "como?" e, finalmente, os resultados. De dentro para fora. Podemos concluir com Simon Sinek:

> Se contratas as pessoas simplesmente porque podem realizar um trabalho, trabalharão, mas por dinheiro. Mas se contas com pessoas que creem naquilo que tu crês, elas colaborarão contigo ainda que lhes custe sangue, suor e lágrimas.

Martin Luther King fez um discurso sobre "Tenho um sonho!" e não sobre "Tenho um programa".

IV. Liderança na Igreja e na vida consagrada

Este enfoque, aparentemente tão simples e óbvio, me permite refletir sobre a necessidade de *passar de uma liderança convencional na Igreja e na vida religiosa a uma liderança inspiradora e alternativa*.

Nossa maior dificuldade na hora de "renascer" como igrejas particulares e institutos religiosos é depender da presença ou ausência de uma liderança inspiradora. Não nos bastam os programas, temos de responder à grande pergunta: "Por quê?". O que mais nos deve preocupar na liderança da Igreja atual, na liderança da vida consagrada, não são nem os resultados nem o "como?", mas descobrir o "por quê?" de nossas instituições religiosas no momento atual do mundo.

1. O *"discernimento comunicativo"*

No Concílio Vaticano II foi formulada esta pergunta: "Igreja, o que dizes de ti mesma?". Hoje a pergunta é diferente e mais complexa: "Igreja, o que dizem de ti 'os outros'?". Igreja, para onde o Espírito te leva? O que te diz o Espírito neste momento?".

A resposta adequada a estas perguntas tão fundamentais não pode ser dada por uma só pessoa, nem sequer por um grupo aristocrático de líderes. Não é crível o indivíduo que impõe o seu desejo, dizendo: "O Espírito pede a mim que...". O Espírito Santo fala às "igrejas", às comunidades. Não basta o discernimento individual, é preciso também o discernimento "comunicativo", quer dizer, aquele que nasce da comunicação com os irmãos e as irmãs.

A liderança para uma comunidade missional do século XXI requer realizar um processo hermenêutico que ponha em diálogo o Evangelho, a Igreja e o mundo.[22] Para esse processo hermenêutico ou interpretativo é necessário instituir processos de "discernimento comunicativo". E o que se entende por *discernimento comunicativo*?

---

[22] VAN GELDER, Craig. *The Ministry of the Missional Church*: a Community Led by the Spirit. Grand Rapids: Baker, 2007. A premissa fundamental deste livro é que, no meio deste processo nas instituições religiosas, cada grupo tem que compreender o significado do ministério do Espírito. Deus quer frequentemente servir-se dessas mudanças – direta ou indiretamente – para mover um grupo a um novo horizonte ou para novas direções a um ministério mais significativo no Espírito (p. 48).

Chega o momento em que só escutaremos a voz do Espírito depois de um esforço revolucionário para instituir uma grande assembleia de irmãos e irmãs que representem todas as formas de ministério e de vida; dispostos não a impor as próprias ideias, privilégios e reivindicações, mas a escutar o que o Espírito diz à Igreja hoje. E o mesmo se pode dizer à vida consagrada. Não é questão de que se salvem algumas congregações ou institutos do quase certo desaparecimento, mas que se salve a vida religiosa em seu conjunto a partir de um "novo sonho compartido". Trata-se de um discernimento que não é apenas individual e pessoal; tem a ver com aquilo que é o coração de uma comunidade: a missão; é o discernimento próprio das comunidades missionais. Estas são sistemas com vários níveis de complexidade, às vezes de altíssima complexidade. Katryn Tanner, uma teóloga que provém da antropologia cultural, oferece ideias de como as congregações criam identidade: as congregações estão abertas, são sistemas complexos e são culturas que estão sempre trabalhando para criar significado em seu contexto. Criam e recriam a própria identidade.[23]

Margaret Wheatley convida os líderes a adotar uma nova visão do mundo "porque as velhas formas de relacionar-se com os outros já não se sustentam".[24] Há uma visão newtoniana do mundo que o vê como uma máquina

---

[23] TANNER, Katryn. The Need for a Complex Process of Testing and Discernment in Community. In: id. *Christ the Key*. Cambridge: University of Cambridge Press, 2010, p. 285.

[24] Cf. WHEATLEY, Margaret. *Leadership and the New Science*: Discovering Order in a Chaotic World. San Francisco: Berrett-Koehler Publishers, 2005, p. X.

com partes separadas. Nesta visão, o caos e a mudança se dão simultaneamente. A liderança requer novas destrezas (*skills*) de adaptabilidade para dar resposta à mudança. A liderança há de atender ao todo e não só às partes. Tende ao desenvolvimento e à atenção à identidade fundamental e pede relações dentro e fora da organização.

Tratar os problemas como questões técnicas foi a abordagem ao tema dos líderes da Igreja, quando tiveram de enfrentar a mudança. Mas a nova visão do mundo sugere algo totalmente diferente. É preciso tentar outra adaptação às mudanças. Na medida em que a Igreja está chamada a mudar de uma visão eclesiocêntrica a uma teocêntrica, os líderes da Igreja terão de mudar a sua forma de pensar da mudança técnica para a mudança adaptativa e da liderança solitária à liderança participativa. Com uma postura adaptativa à mudança, os líderes não são peritos que abordam os problemas, mas convocadores de pessoas que estão diretamente afetadas pelo problema. É próprio dos líderes missionais obter de cada pessoa os seus melhores dons e reconhecer a ação do Espírito em suas irmãs ou irmãos.

2. Uma visão missional da liderança: a dança trinitária da missão

A liderança missional requer uma reinvenção. Não é fácil ser líder num mundo em mudança, e muito menos com o velho paradigma de liderança. O líder missional há de cultivar a sua imaginação e promover a criatividade nos outros; os relatos bíblicos oferecem chaves imaginativas que energizam o líder.

Pode-se contemplar tal liderança a partir de quatro perspectivas: cultivo, mudança, multidimensionalidade e promoção da comunidade cristã.[25]

- O *cultivo*: trabalhar a terra da comunidade, criar um ambiente adequado para que o povo de Deus possa discernir o que o Espírito está fazendo no meio de, com e entre os que formam a comunidade. Uma liderança que cultiva as sementes do Verbo e do Espírito na comunidade é orgânica e fluida, mais uma arte do que uma habilidade ou destreza. O cultivo não é um processo linear, mas permanente obra missionária da liderança. Cultivar a consciência, aprender em comum, em redes, modos de acessar a Palavra de Deus com frescor, novas práticas, hábitos e normas. O cultivo leva a criar – entre todos – uma cultura missionário-comunitária.

- A liderança missional é definida, além disso, pela *mudança*. O líder guia e acompanha a mudança no meio de um conjunto de sistemas em mudança permanente. Roxburg e Romanuk reconhecem três zonas no processo de mudança: (a) realizar a mudança adaptativa que for necessária, (b) identificar as destrezas e competências requeridas em cada âmbito da missão comunitária, (c) oferecer ajuda

---

[25] Cf. ROXBURG, Alan; ROMANUK, Fred. *The Missional Leader*: Equipping Your Church to Reach a Changing World. San Francisco: B-Jossey-Bass, 2006.

necessária à comunidade para compreender o seu lugar dentro de um mundo, uma sociedade, uma Igreja em mudança.[26]

- Em terceiro lugar, a liderança missional se explicita em *múltiplas dimensões*: cultural, social, política, econômica, religiosa, espiritual, organizacional.

- Em quarto lugar, *promove a comunidade cristã*: ajuda o povo de Deus a viver como cristão – a não perder sua identidade carismática – dentro e fora da comunidade.

3. Liderança no Espírito: "Creio no Espírito Santo"

As teólogas feministas contribuíram muito para entender a atividade de Deus no mundo. Fazem isso com uma nova linguagem, novas metáforas tomadas das experiências das mulheres. Elizabeth Johnson e Catherine LaCugna proclamam que a Trindade habita nos seres humanos como partícipes em suas relações. Nosso Deus existe nas relações. Deus existe para nós e conosco. Cada ser humano e toda criatura tem sua origem numa pessoa que, por definição, não é solitária, mas que está em relação com outra.

Esta nova visão da comunidade é a que nos ajuda a configurar uma imaginação missional. Começamos vendo o mundo de Deus como parte de sua comunidade, onde todos os partícipes somos iguais e existimos porque estamos em relação mútua. Uma Igreja missionária é algo que existe junto com o mundo, não para o mundo, sobre ele ou contra

[26] Ibid., p. 40.

ele. Em lugar de dar o Evangelho aos outros, também nós recebemos Deus deles. Somos missionários mútuos. Não somos apenas doadores de hospitalidade, mas também recebemos a hospitalidade.

O serviço de um líder religioso (homem ou mulher) baseia-se na confissão de fé: "Creio no Espírito Santo". A fé no Espírito Santo não se reduz apenas à convicção de que em Deus existe uma terceira pessoa além do Pai e do Filho. O terceiro e último artigo do Credo explicita a nossa fé no Espírito Santo, dizendo: Senhor e doador de vida, que falou pelos profetas, a Igreja – una, santa, católica e apostólica –, a comunhão dos santos, o perdão dos pecados, a ressurreição da carne e a vida eterna. O Credo é um "Glória ao Pai, ao Filho e ao Espírito Santo" explicitado.

Quando um superior confessa "Creio no Espírito Santo", põe-se em contato com a grande fonte de energia que necessita, com a realidade que o levará aonde nem sequer se imagina. Ao dizer "Creio no Espírito Santo", confessa que ele ou ela (a santa *Ruah*) é o protagonista, o primeiro ator que guia e mobiliza com vistas à missão, que gera comunhão e que dá identidade carismática. E descobrirá melhor que nunca que ser superior é ser ator de reparte, secundário, colaborador num grande projeto. Dizer "sim" à eleição não é unicamente assumir uma grave responsabilidade: é dizer "sim" a associar-se com o Espírito Santo.

"Creio no Espírito Santo" quer dizer "creio na missão do Espírito" em nosso mundo contemporâneo, em sua liderança na Igreja, na humanidade, no cosmos e – como não? – em meu instituto. Demos por suposto que, depois da missão de Jesus, tem lugar a missão da Igreja, e deixamos de lado o fato de que, depois da missão do Filho, tanto o *Abbá* como o Senhor Ressuscitado abrem a etapa da missão do Espírito Santo. Em Pentecostes, o Espírito é derramado sobre a comunidade reunida com Maria e os apóstolos; depois, como nos proclama Pedro em seu primeiro discurso, é derramado sobre os jovens e os anciãos, sobre os filhos e as filhas dos judeus, sobre "toda carne". Jesus no-lo prometeu: "Convém a vós que eu vá... o Espírito virá... falará de mim... vos levará para a verdade completa".

> Há só dois caminhos para viveres a tua vida. Um é como se nada fosse um milagre. O outro é como se tudo fosse um milagre (Albert Einstein).

V. O método apreciativo (a visão)

O Ir. Emili Turù (superior-geral dos Maristas) permitiu-me compartir os seus arquivos sobre o "appreciative Inquiry" [investigação apreciativa]. A sua leitura me levou a refletir sobre nossa espiritualidade pessoal, comunitária, e a necessária conversão institucional ou organizativa.[27]

---

[27] Cf. WATKINS, Jane Magruder; MOHR, Bernard; KELLY, Ralph. *Appreciative Inquiry*: Change at the Speed of Imagination. San Francisco: Pfeiffer, 2011; WHITNEY, Diana; TROSTEN-BLOOM, Amanda. *The Power of Appreciative Inquiry: a Practical Guide to Positive Change*. San Francisco: BK Publishers, 2003; HAMMOND, Sue Annis. *The Thin Book of Appreciative Inquiry*. Bend: Thin Book Publishing, 1996.

Em 1982, investigadores da Universidade de Wisconsin realizaram um estudo do processo de aprendizagem. Gravaram em vídeo o jogo de duas equipes. Pediram à equipe A que analisasse os erros que tinham cometido. À equipe B pediram que analisassem só os acertos. As duas equipes jogaram de novo e melhoraram. Porém, a equipe B duplicou a sua pontuação em relação à equipe A.

1. O modelo do déficit

Quando chega a noite – também em outros momentos, como num dia de Retiro ou Exercícios Espirituais –, fazemos exame de consciência. Indagamos sobre tudo o que nos pesa, que fizemos de mal. Arrependemo-nos, pedimos perdão e prometemos ser melhores. O desapontamento nos vem quando descobrimos quão poucas expectativas de progresso se abrem para nós!

Também fazemos exames de consciência coletivos. Nossas organizações e aqueles que as lideram, nossos Capítulos gerais e provinciais, costumam partir dos problemas. A análise da realidade nos confronta com problemas sociais, políticos, religiosos, econômicos, eclesiais, congregacionais, pessoais... Atrás desse leque de problemas, nos detemos em analisar as suas causas. Depois tentamos buscar soluções e programar a forma de levá-las a cabo. O mesmo ocorre quando se programa a missão: perguntamo-nos pelas deficiências, pelos problemas de nosso mundo, procuramos diagnosticar o porquê e depois oferecemos a nossa solução e a forma de implementá-la. O resultado costuma ser "mais do mesmo"! Esta é a fórmula para mudar o que a tradição nos transmitiu: indagar nossos problemas, diagnosticá-los e encontrar soluções. Pomos a nossa atenção naquilo que está equivocado ou rompido. E como o que indagamos são problemas, problemas é o que encontramos.

Supomos que esteja em nossas mãos consertar tudo e que cada problema tenha solução. Não são muitos os líderes que pensam que a sua função consiste em resolver problemas? Não somos muitos os que pensamos que nosso avanço na vida espiritual consiste em resolver os nossos problemas, em superar as nossas más tendências (as concupiscências) e em evitar o pecado e dar sentido à emenda? Neste modelo de mudança focalizamos nossa atenção no deficitário. Com isso se assume que uma pessoa em caminho espiritual, uma comunidade, uma instituição, uma obra de missão é, antes de tudo, uma realidade problemática. Ao contrário, ao que não causa problemas, apenas se presta pouca atenção.

2. O modelo do apreço

Poderíamos, deveríamos adotar outra perspectiva. Recordemos a constatação de São Paulo: "Onde abundou o pecado, superabundou a graça" (Rm 5,20). E, se isso é verdade, não deveríamos indagar, antes, aquilo que dá vida aos sistemas humanos? Não deveríamos perguntar-nos quais são essas fontes vitais em nós mesmos, nas comunidades e nas organizações, no mundo ao qual somos enviados? E a partir daí, não poderíamos visualizar um futuro melhor de relações positivas com nós mesmos, com os outros, em nossas organizações? Foi constatado que, atuando assim, melhora-se a capacidade do sistema para colaborar e para mudar.

O primeiro requisito para este novo modelo é *mudar nosso olhar*: de um olhar depreciativo – para o que está ou funciona mal – para um olhar apreciativo, para aquilo que está e funciona bem. Para um olhar apreciativo o eu, a comunidade, a organização são expressões de beleza e de espírito. Somos, nos distintos níveis – pessoal, comunitário e organizacional –, um todo orgânico. Isto significa que cada uma das partes se define pelo todo. Não podemos pensar numa organização prescindindo de suas peças, numa pessoa prescindindo de tudo o que a constitui. "Deus amou tanto o cosmos que o entregou ao seu Filho" (Jo 3,16); "Deus criou este mundo para que subsista, sem veneno mortal" (Sb 1,12-13). Este olhar positivo nos levará a fazer um exame de consciência daquilo que funciona em nós, na comunidade, na organização, na missão. Encontraremos uma série de constatações que descrevem onde queremos estar, quais são os nossos sonhos, quais foram os nossos melhores momentos, de onde nos vieram as melhores energias, que métodos ou caminhos nos ajudaram mais.

3. Como mudar de modelo? Acabar com "o que é suposto"!

Há em nós certos impulsos que nos bloqueiam constantemente e tornam impossível a mudança. Trata-se de algo aparentemente sem importância: "Aquilo que supomos" e que nunca submetemos à crítica, porque achamos que seja assim. As suposições têm uma função muito importante em nossa conduta, em nossa forma de pensar, no funcionamento de nossas comunidades ou organizações:

Suposições são o conjunto de crenças partilhadas por um grupo que o fazem pensar e agir de uma determinada maneira (Diana Whitney e Amanda Troten-Bloom).

Supomos, por exemplo, que um cão não acorrentado é perigoso, que um ateu é uma pessoa que é preciso evitar, que a tendência homossexual é um desvio... As suposições funcionam no nível inconsciente. São muitas. Fazem-nos agir sem pensar, sem reavaliar. São muitas as suposições que funcionam no nível inconsciente. As suposições bloqueiam uma nova visão. Impedem-nos que aproveitemos oportunidades para melhorar. Por isso necessitamos desmascarar todo esse mundo de suposições, verbalizá-las, visibilizá-las, discuti-las. Não vale dizer que "sempre se pensou assim"; é necessário descobrir se são válidas e certas hoje. Isto sucede, por exemplo, com o hábito ao qual se atribui uma eficácia quase infalível na missão; com certas práticas de oração ou de retiro que não podem ser discutidas (retiros mensais ou exercícios espirituais anuais)... As suposições nos explicam como funcionamos ou como funcionam os grupos.

a) Parada no caminho: evocar o melhor
do passado ("memória")

Há momentos em que devemos fazer uma parada no caminho para recuperar energias, orientar-nos e prosseguir. Nessa parada é bom *fazer memória* dos momentos mais energizantes de nossa vida, de nossa história – como pessoa, como comunidade, como organização. A memória não é mera recordação; é uma atualização do passado que verte a sua *energia* no presente. A memória compartida é *sinergia*. Quando nos carregamos com essa energia, descobrimos nossa capacidade de voltar a sonhar o que parecia impossível e de gerar algo novo. Em tudo isso atua o Espírito.

> Não dizia Jesus que virá o Espírito e nos recordará tudo... e nos levará à verdade completa (Jo 14,6.26)?

Quando só vemos problemas, também somos parte do problema. E quando só vemos problemas insolúveis, somos nós que não temos solução. "Afasta-te de mim, Senhor, que sou pecador!" (Lc 5,8), diz Simão Pedro a Jesus. "Homem de pouca fé, por que duvidaste?" (Mt 14,31), responde Jesus a Pedro. Pode-se caminhar sobre as águas sem afundar. Estamos obcecados em aprender com nossos erros. Mas por que não permitimos que nossos êxitos se multipliquem de maneira suficiente que nos levem a desalojar os fracassos? Que se apaguem as penas de nossos rostos e emerja o sorriso dos que têm a esperança de que algo novo vem ao mundo. Uma pessoa se renova, muda e se ativa quando se sente envolvida na atmosfera do Espírito, tocada, penetrada e ativada por ele. Não deve deter-se demasiado em ler e estudar o diagnóstico de suas enfermidades, mas em acolher a graça superabundante que lhe é oferecida. Uma organização se renova, muda e se ativa quando todas as pessoas que a constituem, em lugar de centrar o olhar em tudo aquilo que está enfermo ou morto, acolhem o Espírito que as leva a compartir memórias positivas e sonhos aparentemente impossíveis, os quais conduzem ao imprevisível.

b) Abraçar o milagre

As questões que nos propomos nos mudam; e depende de nós constatar quais são para o bem ou para o mal. Pessoas e organizações que indagam problemas e dificuldades se encasquetam no de sempre; pessoas e organizações que se propõem quais são suas fortalezas, como podem se tornar mais capazes e fazem reviver os seus sonhos, transformam os sistemas.

> Nosso mundo não é um problema que temos de resolver, mas um milagre que temos de abraçar. Se cada dia tomássemos consciência disso e nos déssemos conta daquilo que dá vida aos sistemas humanos, contribuiríamos para o processo de construir uma vida maior e melhor (David Cooperrider).

E isto vale para cada um de nós e também para nossas comunidades e organizações ou organismos. Quando acolhemos tudo com um olhar de apreço, então é possível que encontremos milagres e os abracemos. Mostramo-nos abertos para dialogar com todos e tudo; para recuperar o melhor de nosso passado, pôr em ação todos os nossos recursos e envolver todas as pessoas – que são afetadas – na mudança; para construir uma visão para o futuro que podemos compartilhar e na qual todos podemos colaborar.

Quando se experimentou a limitação, a incapacidade, inclusive o pecado, não são necessários profetas de desgraças que o repisem, denunciem, condenem; nem voltar-se contra si mesmo, acusar-se, castigar-se; nem recorrer a alguém que resolva o seu problema. O que se necessita é de uma profecia das boas notícias que o leve a reconhecer o melhor de si mesmo e de seu mundo; afirmar o seu passado

OUTRA COMUNIDADE É POSSÍVEL

e seu presente com suas fortalezas, êxitos e potencialidades; perceber o seu manancial de vida, o sistema de virtudes que – apesar da limitação – o caracteriza; honrar em sua própria pessoa a graça que supera em muito o seu pecado. Para isso é preciso indagar onde se esconde e acontece a graça, a partir de onde atua o Espírito interior e para onde nos leva. "Só se vence uma paixão com uma paixão maior" – diziam os Padres do deserto. Abracemos o milagre!

Quando uma organização experimentou suas limitações e sua incapacidade, não necessita culpar-se, nem precisa de profetas de desgraças que anunciem o seu fim. Necessita da consolação que vem do Espírito; necessita ser abraçada e que lhe seja anunciado que tem capacidade autopoiética, que pode "nascer de novo": juntos podemos descobrir novas oportunidades e possibilidades, gestar inovações, pensar diferente, transformar nossos sistemas, gerar "sentido". Os quatro passos que nos sugerem são:

- descobrir o melhor de nós mesmos ou de nossas instituições;
- sonhar e visualizar os processos que funcionarão bem no futuro;
- desenhar, planificar e priorizar o que poderá funcionar bem;
- implementar e executar o desenho realizado.

Nenhum problema pode ser resolvido a partir do mesmo nível de consciência que o criou. Temos que aprender a ver o mundo de novo.

c) Mudar a nossa linguagem

A linguagem que usamos configura a nossa realidade. Uma linguagem depreciativa configura uma realidade desprezível; uma linguagem apreciativa constrói uma realidade valiosa, apreciada. "Para um martelo tudo é prego". Para uma pessoa problemática tudo são problemas, tudo fala de problemas. Cada vez utilizamos mais a linguagem clínica para falar de nossas instituições: "adoecem", "morrem", "precisam de cuidados paliativos"... Se uma organização escuta sempre quão enferma está e quanto necessita ser sanada, os membros se comportarão como se a organização estivesse enferma. Aquilo em que focalizamos a nossa atenção, aquilo de que sempre falamos se converte em nossa realidade. Se colocarmos nossa mira no errôneo ou no equivocado, ou naquilo que se perdeu, tenderemos a ver tudo desse filtro.

> Uma planta não cresce encerrada em si mesma, mas voltada para a luz. O cérebro não ouve o "não". Se eu disser: "Não penses em elefantes", o cérebro escuta apenas: "Pensa em elefantes" (fascinante investigação sobre o cérebro).

Com a nossa linguagem e nossa indagação criamos uma realidade. Quando dialogamos de verdade, quando assumimos outros pontos de vista, verificamos que a realidade é múltipla, que existem diversas realidades ao mesmo tempo. E que, portanto, há muitos caminhos mais do que imaginamos.

A indagação nos leva a fazermos perguntas que vão influenciar de alguma maneira no resultado. As questões que nos propomos nos desencarrilam, nos deslocam, nos fazem descobrir mundos novos. O próprio do gênio é levantar questões:

> A que se pareceria o universo se eu cavalgasse na cauda de um raio de luz à velocidade da luz?

Quando chegar a inspiração, vamos nos sentir como artistas do novo. As organizações devem ser como as obras de arte. A imagem, a visão inspirarão nossa forma de agir, nosso futuro. Questões positivas levam a uma mudança positiva; extraem o melhor de nós mesmos, geram atração, campos magnéticos, que nos fazem superar qualquer tipo de desmoralização.

> Perguntaram a um líder: "Como definirias o bom líder?". Ele respondeu: "Muito simples. A tarefa de um líder é criar um reajuste tal das forças que torne irrelevante a fraqueza das pessoas".

Tudo isso acaba sendo muito humano. Mas também muito divino! Não cremos que a graça habita em nós? Que onde abundou o pecado superabundou a graça? Não cremos que Deus mantém a sua Aliança e que o seu Espírito ativa tudo e a tudo dá futuro até chegar à verdade completa? Tudo está interconectado! Nada se resolve sem entrar em relação. Na abertura à relação tudo renasce, torna-se poético. No todo se salva cada parte. A paixão pelo todo nos faz descobrir o milagre.

Conclusão

Em nossa reflexão sobre a liderança de nossos institutos hoje, no século XXI, e no contexto da rede mundial que a vida consagrada tece, pudemos chegar a quatro importantes conclusões:

- Nem tudo se pode nem se deve esperar do líder. Há de se evitar a idolatria da liderança, à qual o *boom* deste tema pode conduzir hoje. Líder e seguidores formam um conjunto inter-relacionado. Um depende dos outros e vice-versa. "Temos os líderes que merecemos", se diz; mas também podemos dizer que temos os seguidores que merecemos. A distância entre líder e seguidores é cada vez menor. O rol do líder está submetido a uma certa circularidade. É necessário estabelecer a Aliança, abrir-se à correlação. Por isso, uma mera liderança de serviço poderia transformar-se em "colonial". A liderança deve facilitar acontecimentos de transformação que afetem o líder e os seguidores. É preciso contar com todos e não servir sem contar com todos. Necessita-se da formação conjunta de líderes e seguidores para criar equilíbrios. Jesus, na última Ceia, exerceu a liderança do serviço, mas também a liderança transformadora. Não só a liderança da humildade, também a liderança da boa ambição, que pretendia dar bom exemplo para a transformação dos modelos de poder.

OUTRA COMUNIDADE É POSSÍVEL

- A liderança pode ser exercida em níveis distintos. Existe um "círculo de ouro" (Simon Sinek) que indica três modelos de liderança: o "para quê?", o "como?" e o "por quê?". O mais importante da liderança é partir do "por quê?"; apenas daí adquirem sentido o "como?" e o "para quê?". Jesus disse: "Eu vos escolhi (o porquê) para que vades (o como) e deis muito fruto (o para quê)".

- A liderança religiosa tem uma consciência especial do porquê. Jesus insinuou isto a Pilatos: "Não terias nenhum poder sobre mim se não te fosse dado". O porquê da liderança está ancorado na "missão do Espírito Santo": Ele é o principal ator da missão evangelizadora, da conversão. Os líderes cristãos são atores ou atrizes de partilha. Não é adequado a esta consciência uma liderança que "suplanta" o Espírito e a converte num "mero ajudante". O líder religioso entra em aliança com o Espírito e sua confissão de fé é: "Creio no Espírito Santo". Desde essa fé, a sua liderança fica despossuída de autossuficiência, da influência de outros maus espíritos. A participação na missão do Espírito, que faz memória de Jesus, leva o líder a seguir o estilo da liderança histórica do próprio Jesus. A volta às origens da liderança oferece perspectivas sedutoras. Cada parábola oferece possibilidades para entender de modo humano-divino a função de líder, como, por exemplo, a parábola do pai e dos dois filhos: são três formas eloquentes de exercício de liderança.

- O método inteligente é aquele que não se baseia no modelo do déficit, da busca de problemas para solucioná-los; mas aquele que atua por meio do "olhar apreciativo". A mudança de modelo não é fácil. É preciso acabar com muitas "coisas que são supostas", mas que poderiam ser superadas. O modelo apreciativo não desdenha a tradição: dela escolhe e faz memória permanente do "melhor". Tampouco dá importância ao mal. Mas trata de descobrir os "milagres" que acontecem, que advêm sem ser preparados... porque o Espírito atua antes de nós. Quem segue este modelo, muda a sua linguagem. É uma liderança que "fala de outra maneira", que "expõe a realidade de outra maneira". E se diagnostica a presença do mal, que certamente atua, é para descobrir a sua impotência, apesar de sua ostentação de poder e para mostrar como chega a nós "Aquele que é mais poderoso" e faz tudo novo.

5 | COMUNIDADES DIANTE DO CONFLITO: RECONCILIAÇÃO TRANSFORMADORA

A transformação não é fazer melhor o que já se está fazendo, mas fazer algo completamente diferente. A transformação tem lugar na missão. A transformação supõe assumir riscos e é muito desafiador. Para ser transformados, primeiro devemos conhecer as pessoas que são diferentes, não os nossos familiares, amigos e vizinhos e que são como nós. Conheçamo-nos através das diferenças – intelectuais, culturais, nacionais, raciais, religiosas e de qualquer tipo.[1]

Nós nos deparamos com situações conflituosas com mais frequência do que desejaríamos. Acontece nos âmbitos mais variados: *conflitos na política* (polarização de partidos que se negam a dialogar e entender-se, e geram confrontos de consequências incalculáveis), *conflitos de identidades nacionais* (que se tornam cada vez mais vitais e causam guerras psicológicas e, inclusive, armadas); *conflitos cotidianos* nas relações interpessoais, tanto na convivência cidadã como no trabalho ou na família, que frequentemente se resolvem por via judicial. Este mundo conflitivo também está presente nas comunidades da Igreja, nas atividades pastorais e nas missões.

---

[1] SCHILLER, Irmão Robert. *Carta pastoral aos irmãos*: uma experiência do Evangelho fora do acampamento, 25 de dezembro de 2015, p. 32.

I. "Como quem vê o rosto de Deus": paradigmática da reconciliação dos irmãos

Um caso paradigmático de conflito e itinerário para a reconciliação transformadora – aos que nos sentimos filhos de Abraão (judeus, cristãos e muçulmanos) – encontramos no relato do Gênesis 25–33, sobre o conflito entre dois irmãos, Esaú e Jacó.[2] Isaac e Rebeca – os pais – tiveram de esperar o milagre da gravidez. Em seu seio foram concebidos dois gêmeos que se entrechocavam:

> Duas nações trazes no ventre, dois povos se dividirão em tuas entranhas. Um povo será mais forte que o outro, e o mais velho servirá ao mais novo (Gn 25,33).

A partir daí começa *a divisão da família*:

- o maior desfruta do apreço do seu pai; o menor, do de sua mãe.

- Rebeca morrerá com a família rompida.

- Isaac é um ancião que não pode se levantar da cama, que não pode ver. Teve de dizer por três vezes ao seu filho preferido que já não tinha bênção para ele. A sua família entrou no caos e na ruptura.

- Esaú chorou de raiva e sentiu-se profundamente decepcionado e frustrado pela injustiça que fora cometida contra ele.

---

[2] Cf. LEDERACH, John Paul. *Reconcile: conflict transformation for ordinary Christians*. Harrisonburg: Herald Press, 2014; cf. cap. 2: "Turning toward the Face of God: Jacob and Esau".

- Jacó é um fugitivo, consciente do mal que tinha realizado; sem família, trabalha arduamente para conseguir formar o lar que desejava.

Os quatro podiam se perguntar: por que a mim? Aonde ir? Por que, meu Deus?

Este conflito familiar paradigmático surge da humilhação: o pai Isaac e o filho Esaú são humilhados e não lhes é reconhecida, em princípio, a sua dignidade como seres humanos. E isto mantém separados os irmãos por um longo tempo, quase 25 anos. Até que Deus se dirige a Jacó e lhe diz:

Volta para a terra dos teus pais. Eu estarei contigo (Gn 31,3).

Jacó se encaminha para o seu irmão Esaú, que vem ao seu encontro com quatrocentos homens. Decide enfrentar o seu maior conflito. Por isso, suplica a Deus:

Deus de meus pais... Livra-me das mãos de meu irmão Esaú, pois tenho medo que ele venha a matar as mães com os filhos (Gn 32,10.12)

A confiança em Deus não priva Jacó de suas incertezas e dúvidas. Ante o encontro, Jacó,

prostrou-se sete vezes por terra antes de se aproximar do irmão. Esaú correu ao seu encontro, abraçou-o e lançou-se-lhe ao pescoço e o beijou. E ambos se puseram a chorar (Gn 33,3-4). O sol surgia (Gn 32,32).

E Jacó insistiu com o seu irmão Esaú para que aceitasse os presentes que lhe oferecia com estas magníficas palavras, que refletem o mistério de toda reconciliação:

Se alcancei teu favor, então aceita de minha mão o presente, pois vim à tua presença como quem vem à presença de Deus, e tu me acolheste favoravelmente (Gn 33,10).

A transformação reconciliadora acontece num lugar que se converte em "lugar de memória": onde, ao contemplar o rosto do irmão, se contempla o rosto de Deus, e a pessoa contempla a si mesma com uma nova identidade.

Este magnífico relato nos mostra que a reconciliação é um caminho que vai do conflito entre irmãos até a transformação, que é um encontro e que é um lugar onde o sol surge, onde amanhece um dia novo. E a dignidade do humilhado se vê restaurada.

II. Oportunidade de transformação

A partir deste relato, a minha intenção, nesta reflexão, não é falar do conflito enquanto tal, mas da "oportunidade de transformação", de reconciliação, que todo conflito nos oferece. E para isso, apresentarei alguns critérios, baseados na sabedoria que o Espírito derrama em nosso tempo[3] e contemplados à luz dos ensinamentos de Jesus, nosso Mestre.

---

[3] A isto me leva uma recente leitura de John Lederach, professor de Processos Internacionais de Paz na Universidade de Notre Dame, que influiu em tentativas de reconciliação e paz tanto na América Latina como na Ásia, África e América do Norte. Cf. LEDERACH, John Paul. *The Little Book of Conflict Transformation*. New York: Good Books, 2014; id., *Reconcile: Conflict Transformation for ordinary Christians*. Harrisonburg: Herald Press, 2014.

1. É normal que existam conflitos, embora o pecado os envenene

O conflito surge facilmente em nossas relações com os outros. O Criador nos quis diferentes e não clones. Ele valorizou, desde o início, a diversidade e a liberdade. Em si mesmo, o conflito não é pecado. O pecado, porém, procura intrometer-se quando abordamos as nossas diferenças interpessoais: o pecado nos faz crer que somos superiores ao outro,ególatras que odeiam e procuram impor-se.

O conflito nos acompanha ao longo de nossa vida porque nós mesmos, e as relações que estabelecemos com os outros, são muito mutáveis. Não somos estátuas. Nossas relações tornam-se tensas ou distensas, vão e vêm como as ondas do mar em constante movimento, e, muitas vezes, imprevisíveis. O conflito nos desestabiliza, pode tornar-nos violentos, faz-nos sofrer, e às vezes se torna destrutivo.

2. É bom resolver os conflitos, mas é melhor transformá-los

Resolvemos os conflitos quando superamos cada "episódio" com uma solução que o desativa. Às vezes recorremos a soluções drásticas, como afastar aqueles que vivem o conflito: "morto o cão, acabou-se a raiva", diz o nosso refraneiro. Esse afastamento talvez resolva o conflito, mas não transforma os seus protagonistas. Jacó e Esaú se separaram. Desapareceu o conflito exterior. Mas não o conflito interior. A transformação do conflito é outra coisa.

> Os conflitos existem sempre; não procureis evitá-los e, sim, entendê-los (Lin Yutang).

E, para entendê-los, necessitamos descobrir que por detrás de cada um deles há *uma razão*; e é aí que está a chave não só para resolvê-los, mas também para convertê-los em oportunidade de transformação, em motor de mudança! É necessário passar do "episódio" ao "epicentro" que gera um conflito e depois outro e outro. Albert Einstein apontava para isso, quando dizia:

> São necessárias novas formas de pensar para resolver os problemas criados pelas velhas formas de pensar.

O conflito está, antes de tudo, na mente, na consciência que se tem da realidade, no sentido que se dá a ela. Quando se adotam novas formas de consciência, de pensamento, se ataca o conflito em sua raiz, em seu epicentro. A solução precipitada e meramente exterior do conflito acaba com ele, mas não transforma nem nos encaminha para uma situação nova, mais dinâmica e criadora.

Quando nos situamos no "epicentro" do conflito, podemos adquirir uma visão global que nos permite ver as coisas de outra maneira e gerar – a partir daí – um novo sistema de relações e de conduta.

Para Jesus, o "epicentro" não estava tanto na ação exterior quanto no coração. Quão bem entendia isso quando, diante de um paralítico ou de uma pecadora, exclamava: "Teus pecados estão perdoados" (Mt 9,5; Lc 7,48; Jo 8,11)! O "não peques" soava, na boca de nosso Mestre, como um convite a entrar no Reino do amor: "Ama a Deus com todo o teu coração, com toda a tua alma, com toda a tua mente, e ao próximo como a ti mesmo" (Lc 6,36; Mt 22,37). O Reino da "tripla e única referência amorosa": Deus, próximo e eu. No reino da vida se adquire a capacidade extraordinária de ver e saudar no "outro" e, inclusive, em "si mesmo" a presença do "divino", do "sagrado". É assim que se produz uma *mudança real em nossas relações e passamos da tensão para a distensão, do confronto para a colaboração criadora.* Amanhece um novo dia!

3. Desenhar o mapa do conflito: nova consciência e abertura ao milagre

Este desenho:

- *se inicia* descrevendo a história do conflito, do passado até o presente: em seus episódios e em seu epicentro, nos modelos de relação que nos determinaram;
- *continua* orientando-se para um horizonte sonhado e desejado: este horizonte poderá ser visto, mas nunca tocado nem controlado;
- *se finaliza* traçando um caminho concreto que nos permita abrir-nos e acolher o porvir transformador.[4]

---

[4] Falo de "porvir" e não de "futuro" porque, como acertadamente diz Jacques Derrida, o futuro é aquilo que vai a partir de nós para além; o porvir é aquilo que vem adiante sobre nós: o futuro está sob o nosso controle e possibilidades; o porvir é incontrolável; é necessário estar aberto a ele em sua imprevisibilidade.

Para desenhar o mapa do conflito é importante desenvolver a capacidade de pensar duas realidades – aparentemente opostas – "ao mesmo tempo". É necessário reconhecer que é legítimo que duas pessoas sejam diferentes. É preciso aprender a reformular as questões para ver as duas partes. Assim se descobrem energias que estão por baixo e que podem confluir para fazer-nos superar as aparentes incompatibilidades. Assim se maneja a complexidade.[5] Assim se adquire uma nova consciência. Na consciência se inicia a mudança, a transformação.

O relato dos pais "Isaac e Rebeca" e dos dois irmãos "Jacó e Esaú" é para nós um modelo de análise das raízes do conflito (não só dos *episódios* conflituosos, mas do *epicentro* do conflito!).

- Esaú e também Isaac sofreram uma grande humilhação. Esaú se viu privado do reconhecimento de sua dignidade e identidade de primogênito. Foi vítima de exclusão e humilhação. Não há conflito maior do que aquele que surge pelo *não reconhecimento da identidade do outro*. Daí surgiu a violência, o caos, as ameaças de morte, a fuga, a solidão de todos os personagens. Para superar o conflito é necessário desenvolver a capacidade de escutar e comprometer-se com as vozes da identidade,

---

[5] "O complicado" não é o mesmo que "o complexo", como explica Edgar Morin. O complicado corresponde ao esquema causa-efeito. O complexo corresponde ao reino da liberdade, do imprevisível e do improgramável: assim é a vida, a liberdade humana.

tanto em nível de grupos como de pessoas individuais. E como a identidade está sempre em processo, é necessário ter uma especial sensibilidade para apreciar e reajustar as relações ao compasso desse processo.

- A aventura interior de Jacó – encontro com a sua consciência, sua luta com Deus e consigo mesmo – o levou a inclinar-se sete vezes diante de seu irmão Esaú, reconhecendo, assim, a sua dignidade, para "dignificá-lo como irmão" e acolher o milagre de vê-lo correr – comovido – para ele e de abraçá-lo e beijá-lo. Nele Jacó descobre o rosto de Deus.

A transformação que se produz entre os dois irmãos é apresentada pelo Gênesis como um *longo caminho*. Caminho é todo processo de reconciliação, de transformação. Nele encontramos Deus, os outros e nós mesmos. No caminho tudo se vai reajustando na consciência e na conduta.

Esta é também a metodologia de Deus em sua missão reconciliadora. Este caminho é a essência do Evangelho. Nossa missão consiste em alinhar-nos com Deus que "reconciliou consigo todas as coisas" (Cl 1,20; At 3,20-26).

4. "Em espiral": assim é o movimento para a transformação

O movimento para a transformação – que se inicia no epicentro – não é circular nem linear, mas "em espiral".

- A pessoa não se reconcilia quando quer, mas quando lhe é concedido. A reconciliação não é "futuro" – criado por nós –, mas abertura ao "porvir" – que nos é concedido.

- Anima o nosso desejo de reconciliação a promessa de Deus: "Não temas, estou contigo". O "porvir transformador", porém, não nos anula, mas a graça, o milagre, conta com nossa cumplicidade e colaboração, com nosso desejo ativo: "Nada é impossível para quem crê".

- Para que o conflito se converta em transformação, requer-se um paciente movimento "em espiral". Não se deve temer "dar voltas e mais voltas". Assim se produz o progressivo deslocamento para o sonho desejado: sem pressa, sem paralisia, sem ansiedade, sem medo! É preciso saber combinar o curto e o longo prazo.

- O epicentro do conflito se converte, então, numa espécie de trampolim que permite saltar e lançar-se – energicamente e em constante diálogo circular – para a superação. E ao saltar, nos arriscamos, como Jacó se arriscou ao sair audaz e humildemente ao encontro de seu irmão, que vinha acompanhado de quatrocentos homens, ao passo que ele ia acompanhado apenas de sua família (mulheres e filhos).

Sem assumir riscos, nunca nos aproximaremos do milagre da transformação reconciliadora.

III. Liderança para abordar os conflitos

1. As grandes questões

As grandes questões que a liderança estratégica para tempos turbulentos[6] levanta são:

- Quais são as dinâmicas organizacionais e as tensões ambientais que os líderes estratégicos têm que equilibrar quando tentam realizar a visão e o objetivo global de suas organizações?

- Quais são as formas genéricas de liderança à disposição dos líderes estratégicos e como elas facilitam ou obstaculizam uma liderança efetivamente estratégica em tempos cada vez mais turbulentos?

- Quais são as forças que levam adiante e os meios para equilibrar formas individuais e coletivas de liderança estratégica?

- Quais são as competências requeridas, os modos de conhecimentos e os caminhos para dar sentido à oportunidade-desafio de mover-se do sempre mutável presente para o desconhecido, e frequentemente irreconhecível, futuro?

- Quais são as fontes de sabedoria para os líderes estratégicos na criação de decisões efetivas a longo prazo?

---

[6] KRIGER, Mark; ZHOVTOBRYUKH, Yuriy. *Strategic Leadership for Turbulent Times*. Oslo: Palgrave Macmillan, 2016.

Esta reflexão é diferente de outras sobre a liderança estratégica:

- Fala da liderança estratégica implicando numerosos líderes em muitos níveis da escala, do micro ao macro.

- Leva em consideração os valores pessoais e organizacionais e a habilidade para perceber mudanças de variação nos contextos internos e externos do instituto e do desenvolvimento da sabedoria.

- Trata de processos de estratégia como inerentemente recorrentes: continuamente redefinem e atuam sobre versões anteriores de si mesmos e revisam as próprias normas e processos e o atual paradigma.

2. Liderança estratégica em turbulências comunitárias[7]

Trata-se de navegar num mar de sinais cambiantes. Numa organização, o líder recebe muitos sinais e mensagens: visíveis, invisíveis, audíveis, silenciosos, subliminares e, além disso, sempre mutáveis. Por isso, necessita de habilidades para captá-los, decifrá-los e responder a eles com discernimento. Os líderes estratégicos não só dão direção,

---

[7] DAY, D. V.; GRONN, P.; SALAS, E. Leadership in Team-Based Organizations: on the Threshold of a New Era. *Leadership Quarterly* 17 (2006) p. 211-216; EDWARDS, G. Concepts of community: A Framework for Contextualizing Distributed Leadership. *International Journal of Management Reviews* 13 (2011) p. 301-312; WEICK, K. E.; SUTCLIFFE, K. *Managing the Unexpected*: Resilient Performance in an Age of Uncertainty. New York: Wiley, 2012.

propõem estratégias e visões de longo prazo e objetivos, mas também são altamente emocionais e sabem julgar, às vezes, de forma própria a situação.

Esse é o aspecto tácito da liderança estratégica, porque a liderança surge de um conjunto complexo de pensamentos tácitos, não articulados e sentimentais, e não só de uma função racional ou processos racionais. A chave para criar uma estratégia compartilhada é gerar nos outros um conjunto comum de sentimentos, valores compartidos, percepções e crenças, e articulá-los num conjunto de propostas e diretrizes. Isto requer não "pensar devagar", mas "pensar depressa".[8]

Só o exercício de líderes previsores e o uso da imaginação criativa podem provocar valiosos cenários que preparem as organizações para o inimaginável:

- Consciência de múltiplas lógicas e processos causais.
- Consciência de múltiplos níveis de escala.
- Existência de múltiplas formas de conhecimento.
- Presença de tensões paradoxais e valores competitivos numa organização.
- A função-chave dos líderes de nível médio na criação de uma efetiva liderança estratégica.

---

[8] GERSTNER, Lou V. *Who Says Elephants Can't Dance?* Inside IBM's historic turnaround. London: Harper Collins, 2002.

Para tudo isto é necessário:

- Usar múltiplos canais de informação capazes de reunir e discernir os sinais-chave do contexto interior e exterior.
- Mesclar diversas perspectivas e experiência para dar sentido a estes sinais e desenvolver respostas estratégicas adequadas.
- Mobilizar e empoderar os empregados ao longo de unidades organizacionais e em diferentes níveis de hierarquia para implementar respostas estratégicas de forma correta.

3. Lições gerais para líderes estratégicos

- Efeito borboleta: pequenas e aparentemente insignificantes mudanças numa conduta individual e/ou em certas decisões podem ter ampla eficácia na execução estratégica de uma organização.
- Qualquer um pode ser líder em situações, circunstâncias ou momentos adequados.
- Poucas respostas a oportunidades e desafios.
- Desenvolver e utilizar as próprias redes sabiamente.
- Atentar para a consciência individual e coletiva dos participantes, das subunidades ou grupos, sobre suas capacidades e fraquezas.
- Afirmar condutas que correspondam a seus valores.
- Desenvolver a "ambidestreza".
- Criar uma visão estratégica a longo prazo.

- Cultivar múltiplos modos de investigar o desconhecido.

IV. Rumo à transformação do conflito

Existem diversas formas de enfrentar os conflitos:

- Alguns tendem a não abordá-los por causa do medo ou do desgosto que produzem. Permanecem passivos e assumem a dose de sofrimento que causam.
- Outros assumem o desafio do conflito, encaram-no, comprometem-se com ele, seguindo o caminho que acabamos de expor.
- Há, finalmente, outros que, diante do conflito, descobrem como é despertado neles ou nelas o lado mais batalhador e polêmico e decidem enfrentar o conflito não para se transformarem, mas para resolvê-lo pela via da vitória, destruindo o outro.

Quando observamos a realidade de nossa humanidade, neste momento histórico, descobrimos que uma grande e séria conflitualidade global nos envolve: política, econômica, religiosa. Todos somos irmãos e irmãs e, no entanto, quanta desigualdade, quanto desconhecimento e desatenção mútuos! Descobre-se a mesma conflitualidade nas famílias, onde se esconde tanto sofrimento anônimo. A conflitualidade está também presente no trabalho, nas organizações, e se mostra em relações sumamente deterioradas e excludentes.

A conflitualidade está também presente na Igreja e em suas comunidades. A história de Jacó e Esaú continua presente, apesar de todos sermos irmãos e irmãs!

Como os conflitos são tão onipresentes, não será o momento de acentuar muitíssimo mais em nossa missão a dimensão reconciliadora. Ou dizendo talvez melhor: neste momento o Espírito Santo nos pede que colaboremos em sua missão reconciliadora, que sejamos facilitadores de reconciliação onde estivermos, nos contextos mais difíceis da humanidade.[9]

Entremos progressivamente no caminho da reconciliação transformadora, que Deus não espera para tornar possível o milagre. É o momento do *let go – let come*; do salto do trapezista que abandona a base na qual se balança para lançar-se no vazio e esperar a chegada da outra base que fará continuar o seu balanceio.

> Que brilhe em nosso rosto a irradiação da complexidade, que os ventos da mudança boa soprem em nossas costas, que nossos pés se encaminhem por sendas de autenticidade, que a rede da mudança comece já.[10]

---

[9] Cf. SCHREITER, Robert J. *Reconciliation: Mission and Ministry in a Changing Social Order.* Maryknoll-New York: Orbis Books, 1992; BARUCH BUSCH, Robert A.; FOLGER, Joseph P. *The Promise of Mediation: the Transformative Approach to Conflict.* Jossey-Bass, 2005.

[10] LEDERACH, J. P. *Little Book of Conflict Transformation.* Conclusão.

6 | COMUNIDADES EM TRANSFORMAÇÃO: VOAR, VIAJAR, CONTEMPLAR, SONHAR

Superemos os limites, vamos além das fronteiras e situemo-nos nas periferias. A visão da "Declaração" envolve os irmãos para levar a cabo uma ação de renovação designando objetivos, sugerindo estratégias... e insistindo que os irmãos sejam agentes de dita ação transformadora.[1]

A vida não para. Os organismos vivos estão sempre em movimento: evoluem, crescem, mudam, assumem formas novas sem perder a sua identidade. Os processos vitais são ininterruptos. Quando, porém, o movimento se torna mais lento e costumeiro, quando em lugar da evolução há involução e em lugar da transformação vem a deformação, então se iniciam os processos de morte. Esta constatação vale também para a vida no espírito. Não há espiritualidade sem processos vitais de transformação. Não progredir na vida espiritual é retroceder.

Podemos dizer o mesmo dos grupos proféticos, aos quais sem dúvida pertencem a vida consagrada, seus institutos, suas comunidades. Eles são "organismos vivos". A vida neles não deve ser detida. Portanto, hão de estar constantemente abertos a processos de transformação, de

---

[1] SCHIELER, Hermano Robert. *Carta pastoral a los hermanos*: una experiência del Evangelio fuera del Campamento, 25 de diciembre de 2015, p. 32.

outra forma começarão as fases de deterioração e deformação ou, inclusive, de morte.

São Paulo exprimiu isso muito bem em Romanos 12,2:

> E não vos ajusteis (*mê sunskhêmatizesthe*) a este mundo, mas, pelo contrário, transformai-vos (*metamorphousthe*) com uma renovação da mente (*anakainôsei tou noós*), para que possais discernir (*eis to dokimázei*) qual é a vontade de Deus, o que é bom, agradável e perfeito.[2]

Ajustar-se ao sistema, ao esquema de um mundo desviado do projeto de vida que Deus oferece, é dispor-se a morrer. Paulo suplica aos cristãos de Roma que se convertam a um antissistema; que renunciem à forma acomodada para assumir outra "forma". E esta forma inicia-se com um processo de inovação na mente, na consciência. Ou, dito com palavras de nosso tempo, a inovação começa numa "nova consciência". A partir daí, sim, é possível descobrir o que a vida nos oferece, o futuro que Deus nos concede, a vontade de Deus.

I. Programação ou processo de transformação?

No último capítulo geral dos missionários claretianos (Roma, 2015) nos foram propostos dois caminhos de futuro: o método da programação ou o dos processos de transformação. Após um longo discernimento, os

---

[2] DE SILVA, David A. *Transformation: the Heart of Paulus Gospel Snapshots*. Bellingham: Lexham, 2014.

capitulares optaram pelo segundo. Mas ainda há os que se perguntam: o que são os "processos de transformação" no âmbito da missão, na casa (comunidade, *oiko-nomia*), na espiritualidade-formação?

O processo de transformação é uma viagem para o futuro emergente: o que buscamos e o que nos é concedido. E requer aprender três coisas: abrir a mente (transcender os limites de nosso conhecimento), abrir o coração (transcender os limites de nossas relações) e abrir à vontade (transcender os limites de nossa vontade pequena).

Uma coisa é organizar-se "à maneira de programação" e outra coisa é organizar-se "à maneira de transformação". À *maneira de programação* partimos de uma análise da realidade e seus desafios; oferecemos depois chaves de resposta; finalmente oferecemos respostas através de *opções, prioridades e ações com seus responsáveis*. Posteriormente irão sendo avaliados os resultados para conseguir assim o resultado programado.

"Na perspectiva de transformação", propomo-nos realizar uma viagem que quer desatar em nós, em nossas comunidades, em nossas instituições, processos de vida. É o peculiar dos organismos vivos! Em seu itinerário, o organismo é pluridirecional: recebe influências internas e externas, espirituais, ambientais, contextuais e, segundo elas, vai mudando e melhorando a sua "forma".

Dois grandes cientistas biólogos, Umberto Maturana e Francisco Valera, explicaram os processos vitais com a categoria de *autopoiese*. Assim se auto-organizam e reorganizam constantemente os seres vivos: do dinamismo interior e da influência exterior (biotopo, biossistema).[3] E o aplicaram também – sobretudo o filósofo da comunicação Marshall McLuhan – aos sistemas sociais. A *autopoiese* é o processo fundamental da vida para criar e renovar a si mesma, para crescer e mudar: "Um sistema vivo é uma rede de processos nos quais cada processo contribui para os demais processos".[4] Qualquer sistema vivo é "uma estrutura que nunca descansa, que constantemente busca a sua própria autorrenovação".[5]

Se nos consideramos "organismos vivos", inteligentes e emocionais, enquanto pessoas, comunidades e organizações, temos de prestar atenção àqueles processos nos quais nossa interação com o ambiente e o contexto exterior nos regeneram e transformam. É assim que nos abrimos não só ao futuro, mas também ao porvir:[6] ao futuro que podemos prever e promover, ao porvir que nos pode vir – e que na perspectiva teológica chamamos "advento". Podemos denominar essa abertura do organismo vivo "esperança *ativa*". Se, por outro lado, "cremos no Espírito Santo, Senhor e doador de vida", experimentaremos como todo

---

[3] "Os seres vivos são redes de produções moleculares nas quais as moléculas produzidas geram com suas interações a mesma rede que as produz". MATURANA, *Transformación en la convivencia* (1999).

[4] Cf. WHEATLEY, Margaret J. *El liderazgo y la nueva ciencia*. Granica, 1997; id. *Leadership and the new Science*: Discovering Order in a Chaotic World. Berrett-Koehler Publishers, 2006.

[5] JANTSCH, Erich. *Pronósticos del futuro*. Alianza, 1994.

[6] Jacques Derrida distingue com acerto entre "futuro" e "porvir". Nós programamos e realizamos o futuro a partir de nós mesmos. O porvir é "o surpreendente", o improgramável, aquilo que nos vem, que nos é dado.

processo de transformação acontece em aliança com ele. Não excluímos as necessárias programações, como responsabilidade perante a vida, porém não as absolutizamos, mas as subordinamos aos processos transformadores, que sempre as superam.[7]

II. Voar: como um trapezista ("deixar passar", "deixar vir")

> Quando se transformou em borboleta, a lagarta não falou de sua beleza, mas do que era incrível. Desejava voltar ao seu estado anterior. Mas a mariposa tinha asas (Dean Jackson).

O relato da vida consagrada se encontra num momento de trânsito. Há anos ninguém imaginaria uma vida consagrada que tentasse conectar o seu relato com a história do universo ou o feminismo, ou a teoria quântica, ou a ecologia, ou os sistemas políticos e econômicos. Se no passado baseávamos as nossas convicções em autoridades intelectuais ou religiosas – que resolviam nossas questões teóricas –, hoje em dia tentamos pensar por nós mesmos e prestamos uma atenção peculiar ao que afeta não só a nossa razão, mas também nossas emoções, nossa *psique*. Estamos num incrível momento de evolução de nossa

---

[7] Cf. DAVIES, Oliver. *Theology of Transformation*: Faith, Freedom, and the Christian Act. Oxford: Oxford University Press, 2013. Trata-se de uma obra que nos faz refletir sobre a fundamentação teológica da mudança ética em diálogo com teólogos e místicos medievais, com teólogos contemporâneos e, inclusive, com a teologia política atual.

espécie, chegando a um novo modo de consciência. Vemos já a realidade de forma diferente: sentimo-nos parte da comunidade biótica da Terra, reconhecemos que "tudo está interconectado"; por isso, estamos conseguindo uma nova perspectiva para descrever nossa identidade, nossa cultura, nossa fé.

Tal situação de transição produz depressão em alguns; em outros, entusiasmo. Nos últimos cinquenta anos houve mulheres e homens religiosos que se envolveram nos avanços da sociedade por meio de um enraizamento contemplativo no Espírito e na oração (Madeleine Delbrel, Mary Daly, Thomas Merton, Papa Francisco...). Elas e eles compreenderam que não só podem contribuir para o futuro da vida religiosa como também para a solução de assuntos cruciais de nosso planeta e da humanidade.

Em momentos de trânsito como este temos de aprender dos artistas circenses do trapézio: é preciso dar o salto e, para isso, deixar o apoio, lançar-se no vazio e esperar que nos seja dado um novo apoio que nos permita não cair. Por isso é necessário, por um lado, "deixar passar" (*let go*) – o que às vezes soa como "morrer" – e, por outro lado, lançar-se no vazio, esperar e acolher o novo que vem e nos é dado (*let come*). O momento de trânsito é transformador, se nos leva a mudar *o lugar interior* do qual agimos e a assumir uma nova perspectiva.

O medo, a dúvida e a desconfiança nos impedem o salto. Desconectam o nosso eu, ou as nossas comunidades, da natureza, da sociedade, da espiritualidade e da cultura. Assim são produzidas algumas brechas ou desconexões (ecológica, social, espiritual-cultural) que não nos atrevemos a superar.[8] Uma vida consagrada desconectada manterá modos inadequados de entender a modéstia, a separação do mundo, a vida interior, a comunicação. Sem conexão com o contexto não há processos de *autopoiesis*, mas de entropia e morte; a vida se empobrece, se desconecta e pouco a pouco se afoga. Do mesmo modo, quando a relação com o ambiente é de mimetização, de identificação total, sem processos de autonomia e personalização, perdemos identidade, deixamos de ser *autopoiéticos*.

III. Viajar: do egossistema ao ecossistema

> Em comunidade descobrimos quem somos na realidade e de quanta transformação ainda estamos necessitados. Por isso, eu estou irrevogavelmente entregue aos pequenos grupos. Através deles podemos levar a cabo a obra que Deus nos confiou de transformar os seres humanos (John Ortberg).

"De pouco adianta andares rápido, se corres na direção errada." E isso sucede, sobretudo, quando estamos centrados em nosso "ego" individual ou coletivo: não há caminho, nem aventura, nem novidade, mas um louco a dar voltas em torno do mesmo círculo ou praça, em cujo centro estou eu, reafirmando até à saciedade a minha identidade. Então

---

[8] Esta brecha crescente entre nossas ações e o que somos realmente fica clara no número crescente de pessoas esgotadas ou deprimidas não só na humanidade mas também entre nós. Segundo a Organização Mundial da Saúde (OMS), no ano 2000 houve o dobro de mortes causadas por suicídios que por guerra.

nos perguntamos: como realizar a viagem do egossistema ao ecossistema? Como deixar que se produza a transformação necessária?

Otto Scharmer descreve de forma simples as etapas de um processo de transformação que nos liberta de nosso egocentrismo. Em vez de olhar os outros, temos de aprender a *ver-nos através dos olhos dos outros e do todo*. Quando alguém se despoja da sua egovisão, penetra na zona invisível, da qual é possível recomeçar de novo; guiados apenas por nosso modo habitual de pensar, costumamos dizer: "Já, sim, já sei", e nos fechamos a qualquer novo conhecimento. Ao contrário, quando abrimos a nossa mente ao "outro", nos admiramos: "Oh, olha isso!". Quando contemplamos a realidade com o coração aberto ao outro, com empatia, dizemos: "Sim, já compreendo como te sentes". Quando contemplamos a realidade da sua fonte ou do mais profundo de nosso ser, com nossa vontade aberta, então dizemos: "O que experimento não se pode exprimir em palavras; sinto-me comovido e em calma; conheço-me melhor; estou conectado com algo que me supera". Neste nível se percebe que não se é a mesma pessoa antes da experiência e depois.[9]

Se observarmos o mundo que nos rodeia, se adotarmos o ponto de vista de outras pessoas – e não só o nosso –, se escutarmos o novo, veremos oportunidades

---

[9] Cf. esta preciosa reflexão em SCHARMER, Otto. *Theory U, Leading from the Future as it Emerges*. San Francisco: Berret Koehler Publishers, 2009: *Introduction: Shifting the structure of our attention*.

emergentes e sintonizaremos com elas. O insistente apelo do Papa Francisco a ser uma Igreja – ou vida consagrada – "em saída" e para "as periferias" tem muita razão de ser neste contexto. As oportunidades emergentes se mostram primeiro nas periferias!

Quando só vemos através de nossos olhos, só "o nosso" é urgente e premente: nunca temos tempo para o restante! Como na parábola de Jesus, tudo são desculpas: não posso ir à reunião, não posso participar porque... "comprei um campo... me casei... tenho muito que fazer" (cf. Mt 22,1-10; Lc 14,16-24). A isto se acrescenta o cinismo: o cínico, ademais, se exclui dizendo que pouco importa o que ele faça. Ou o vazio da depressão: nada pode mudar, pode ser um fracasso!

Quando nos vemos através do olhar dos outros e no contexto do todo – e por isso nos preocupamos com o aquecimento global, a crise financeira, o crescente consumismo, o fundamentalismo, a emigração, os refugiados, a desordem amorosa etc. –, nos tornamos mais inclusivos e transparentes, nos organizamos melhor para servir ao bem-estar de todos. Quando se apaga a fronteira entre o *ego-* e o *eco-*, aparecem contribuições surpreendentes, resultados inovadores, mudança de mentalidade e de consciência.[10] E se produz uma "revolução de dentro", uma transformação contemplativa.

---

[10] SCHARMER, Otto; KÄUFER, Katrin. *Liderar desde el futuro emergente*: de los egosistemas a los ecosistemas económicos. Cómo aplicar la teoría U para transformar los negocios, la sociedad y uno mismo. Barcelona: Eleftheria, 2015 (seção Conhecimento do egossistema ante a realidade do ecossistema).

IV. Contemplar: outra forma de ser e atuar

A contemplação é uma forma de oração, mas é também uma forma de ser e de agir. Contemplar não é fechar os olhos, olhar para dentro, imaginar assuntos transcendentes que apenas têm a ver com os assuntos que preocupam hoje a humanidade. E "se Deus amou tanto o mundo que enviou a ele o seu Filho único", como vamos chegar à sua contemplação desconectados deste mundo? A "mística dos olhos abertos" (J. B. Metz) diz que não se encontra Deus "escavando fossos na alma" (Erich Przywara), nem nos afastando ou nos libertando do mundo real, mas transferindo-nos a outros níveis de percepção. Mas como fazer isso?

A postura contemplativa é aquela que nos abre à ambiguidade, ao paradoxo e ao desconhecido; separa-nos de um conjunto de modos preconcebidos de ser e de pensar. Entrar em contato com o nosso Deus, seguir Jesus e estar abertos ao Espírito é fazer um dos trabalhos interiores mais difíceis, porém essenciais: nos leva a amar o mundo como Deus o ama. "É difícil ver o quadro inteiro quando fazes parte de um fragmento dele" (Ralph Powell). Nunca vemos o quadro inteiro, mas o Espírito Santo sim. O universo não está ainda terminado: "Sou um peregrino para o futuro num caminho que vem inteiramente do passado".

Buscar seriamente a Deus em nosso mundo real é uma aventura exigente e perigosa: significa expor-se a Deus numa realidade humana que muitas vezes o questiona e o nega; porque Deus é questionado e negado ali onde há injustiça, violência, selvajaria, morte, catástrofes naturais, enfermidade, depressão... Dietrich Bonhoeffer buscou Deus em tais circunstâncias – no campo de concentração e no contexto da guerra mundial – e o encontrou no sofrimento; por isso, disse a si mesmo: "Só um Deus que sofre pode me salvar". Experiência contemplativa e mística foi também a de Etty Hillesum, na última fase de sua estadia no campo de extermínio de Auschwitz que lhe permitiu escrever em seu diário: "E se Deus não me ajuda para seguir adiante, eu tenho que ajudar a Deus".[11]

A vida consagrada é contemplativa quando descobre Deus – entristecido, sofredor, marginalizado, descartado – nas vítimas; quando, identificada com o Crucificado, grita: "Meu Deus, meu Deus, por que me abandonaste?"; é contemplativa quando descobre a energia divina em toda parte, em torno de nós e através de tudo: como uma dinâmica pessoal que se manifesta na reciprocidade, na criatividade, na inclusão, na hospitalidade. Essa energia se encarna em nós. Tudo é como uma peça do mistério de como Deus está desde toda a eternidade fazendo nascer: porque é "Pai eterno, Mãe eterna". A energia de Deus está sempre atuando em favor da criação.[12] Vive contemplativamente quem se sente fundamentado em Deus, incorporado a Jesus Cristo; quem deixa que o Espírito Santo respire e se mova através dele ou dela. O desejo de viver mais contemplativamente é obra do Espírito neste tempo.

---

[11]   HILLESUM, Etty. *Diário*, 11 de julho de 1942.

[12]   Cf. HUNT, Anna. *What are They Saying about the Trinity*. Australia: Paulist, 1998.

A contemplação abre nosso coração a um tipo de hospitalidade que consiste em escutar e acolher "os outros" de verdade, sem focarmos naquilo que gostaríamos de ouvir ou receber. No espaço contemplativo perdemos o controle do outro e descobrimos que nem sempre está em nós a melhor resposta. Isto parece muito simples, mas pode ser muito duro. Quando nos tornamos mais contemplativos, somos mais capazes de perceber as diferenças e compreendê-las, sem colocar nelas uma etiqueta depreciativa. Aprende-se a "negar a si mesmo" (Mt 16,24), que é uma condição indispensável para seguir Jesus.

Vivemos tão acelerados, com tanto frenesi, que nos negamos à contemplação por falta de tempo pessoal e coletivo. A contemplação requer tempo, e não o temos! Comumente, diante das situações "reagimos", mas não "respondemos" porque dizemos que não temos tempo. Como respondemos diante da tristeza, do sofrimento, da insegurança, da situação de miséria dos outros?

Não entramos em espaços de contemplação porque nos dá medo ficar paralisados, sem atividade, sem amor ao trabalho. No entanto, o certo é que a autêntica contemplação é fonte de capacidade criadora e generativa. Os místicos e os contemplativos sabem que a verdadeira contemplação acaba na ação e que frequentemente a ação é mais radical porque tem nela a sua raiz.

A contemplação não nos permite utilizar os códigos agressivos em nossa linguagem, mas nos suaviza, prepara espaços de encontro, nos leva mais aos "porquês" que aos "como" ou "o quê". A orientação aos "porquês" não se realiza só no âmbito intelectual, mas também no emocional.

A atmosfera contemplativa faz surgir reuniões "diferentes" nas quais há pausa, quietude, e não necessidade imediata de falar, de tomar o microfone; mas nunca há passividade, negligência, inquietação. Contemplação não é estar calado, enclausurado em nossos pensamentos: é deixar-se tocar pelo Espírito, deixar que se derrame em nosso coração e o transforme (Rm 5,5). E isto requer certa disciplina. Há sinergia quando nos esquecemos de nós mesmos e escutamos com cuidado e amor os demais.

Nos textos paulinos encontramos exortações como estas: "Não entristeçais o Espírito Santo" (Ef 4,30), "Não sufoqueis e extingais o Espírito Santo" (1Ts 5,19); pois podemos impedir que o Espírito respire e sopre em e através de cada um de nós. A Igreja é a esfera de influência do Espírito Santo: "Onde está o Espírito, ali está a Igreja; e onde está a Igreja, ali está o Espírito" (Santo Ireneu).

A tão conhecida frase de Karl Rahner de que um cristão do século XXI será um místico ou não será nada, aplicada à vida consagrada, nos convida a empreender a viagem para a mística, a fim de que nossa vida tenha sentido e atrativo.

V. Sonhar em tempos de escuridão

William Johnston disse que o mundo necessita de gente em cujo ser se refletem os conflitos e sofrimentos do mundo. O mundo vibra neles, eles respiram o seu ar e sentem suas frustrações, carregam a cruz. Esta tarefa se realiza em comunidade, em congregação.

Constance Fitzgerald, carmelita contemplativa, nos relata o sonho de sua comunidade, que consistiu em reinterpretar a tradição de seu instituto nos tempos em que nos encontramos e vivemos.[13]

Nós sonhamos – como comunidade –, há oito anos, ter novos membros. Fizemos deste sonho o nosso principal objetivo. Sabíamos que tínhamos entre 5 e 10 anos para atrair novos membros ou, senão, acabaríamos como comunidade. Começamos a imaginar como alcançar este objetivo. Todas as Irmãs da comunidade, sem exceção, nos envolvemos neste processo. Dividimos a comunidade em cinco grupos de idades. A cada grupo pedimos o que podiam fazer – como grupo – para contribuir para a vida e formação de novas candidatas. Cada grupo veio com ideias bem definidas a respeito do que podia oferecer para atrair jovens para a comunidade contemplativa e, além disso, o que poderia fazer para apoiá-las em sua perseverança.

O mais significativo foi que cada grupo foi capaz de manter-se em seu propósito e em sua contribuição específica. O processo iniciado afetou profundamente a conversão das irmãs. A comunidade começou a transformar-se. Entramos num autêntico processo de renovação, segundo o desejo do Vaticano II. Para realizar o nosso sonho tivemos de fazer alguns sacrifícios. Necessitamos de uma espécie de transcendência para poder receber novos membros. Eu, por exemplo, tive de desprender-me dos meus livros, dos meus escritos, para poder atender mais pessoalmente à formação dos novos membros. E o mesmo para as demais irmãs.

---

[13] FITZGERALD, Constance (OCD). Pursuing our dreams in times of darkness. In: *Transformational Leadership*. Conversation with the Leadership of Women Religious. New York: Orbis Books, 2015, p. 9-18. O texto pertence a uma entrevista de 2006, quando a autora era priora do Mosteiro Carmelita de Baltimore.

Talvez alguns grupos considerem que estes custos são demasiado altos ou que se trata de projetos irrealizáveis. A verdade é que não virão novos membros para a comunidade e, sobretudo, não perseverarão, se a comunidade não estiver disposta a assumir sacrifícios pessoais significativos.

Tudo isto é parte do sonho. E todo sonho tem consequências. Todo sonho requer pagar um preço. Nós assumimos esses sacrifícios por uma paixão e uma causa que era maior que nós mesmas.

Agora, com seis novos membros (uma terça parte de nossa comunidade), nossas irmãs mais idosas estão no melhor delas mesmas, dispostas a transmitir a nossa tradição carmelitana numa comunidade muito unida e que olha o futuro com esperança.

Educação e estudo desempenharam uma função importante em nosso sonho. Eles são os instrumentos para dar a nossas religiosas os instrumentos, a sabedoria, a visão e a coragem necessários para imaginar novos sonhos e torná-los realidade. Não se pode sonhar no vazio. A imaginação tem que ser alimentada, a função de sonhar precisa de alimento. A educação e o estudo ajudam a comunidade a estar disponível quando chegar o momento decisivo da ação.

Além disso, as comunidades necessitam ter pelo menos uns poucos indivíduos com uma capacidade imaginativa excepcional que possa integrar todo o impulso e uma comunidade e possa visionar o futuro cambiante e emergente. A imaginação é a função integradora que permite tomar a tradição e fazê-la reviver com novas dimensões e perspectivas. Necessitam-se de facilitadores que integrem o sonho e a contribuição de todos.

Quando isto não acontece, o medo começa a agir. A questão é que, apesar das dificuldades... é preciso seguir sonhando!

Os que têm função de liderança nas comunidades deveriam perguntar-se, na hora de adotar decisões: "Com que se pareceria isto se...?". Expressões imaginativas como esta nos levam ao limite, fazem-nos verificar e identificar nossas convicções e possibilidades melhores e piores.

O processo de transformação nos evoca a tarefa de um *jardineiro paciente*. É preciso aprender a plantar o sonho; esperar depois para que a semente cresça. Trata-se de uma planificação que é progressiva, incremental, inteligente. As mudanças proféticas necessitam desse paciente esperar. Não se pode realizar um sonho apenas recebido. Todo sonho precisa de uma reflexão extensa, pessoal e comunitária, e de discernimento compartilhado. O processo de germinação é incrivelmente importante.

Temos de aceitar a possibilidade de um futuro sem nós. A ética não consiste principalmente em ater-se às normas do passado, mas também e principalmente em preparar um mundo melhor, uma Igreja melhor, uma comunidade melhor para as novas gerações.

Manter-nos sempre fiéis ao que somos num determinado momento é renunciar à nossa autêntica identidade. A identidade é sempre "narrativa", histórica, criadora (Paul Ricoeur). Por isso, devemos estar abertos à experimentação e evitar o medo de perder a nossa identidade. Se formos capazes de sonhar novos sonhos, haveremos de continuar em abertura a novos caminhos, sem permitir que o medo nos paralise.

Nem toda comunidade será capaz de tomar a vida consagrada e levá-la a uma nova visão. Pode, porém, dar um pequeno salto que permita abrir um horizonte mais amplo. Algumas comunidades podem exercer a função de sonhadoras para outras e exprimir o que outras não são capazes de expressar. A colaboração entre comunidades religiosas será essencial. Estamos no tempo de "constelações que sonham".

Conclusão

Se não poucos de nossos contemporâneos pensam e sentem que "outro mundo é possível", não será possível para a comunidade, plasmada em pequenas comunidades extendidas por todo o mundo? Não seriam elas germes que de verdade dizem que "outro mundo" é possível?[14]

No novo modelo comunitário desaparecem as relações de domínio; todos nos sentimos comprometidos na mesma aventura. Embora a meta pareça distante, a direção é clara. Já empreendemos o caminho. Demos corpo à utopia, ao sonho! As aparentes contradições são superáveis quando as abordamos desde o "porquê" e no contexto do "todo". O respeito e a valoração das diferenças nos aproximam do "Shalom", da paz, do Reino, ao qual todos somos convocados. Chega o momento de um longo, porém certo, processo de transformação em nosso planeta, em nossa humanidade. Como não em nossas comunidades?

Quão diferente é contemplar um instituto religioso em processo de programação ou em processo de transformação!

---

[14] Cf. AUGÉ, Marc. *Un altro mondoè possibile*. Torino: Codice Edizioni, 2017.

Estes processos – aqui abordados de modo mais fundamental – se traduzem em transformação da missão (um novo paradigma), das comunidades (grupos proféticos e contemplativos), da organização e das instituições (um novo modelo *autopoiético*), da espiritualidade e formação (formação transformadora), das pessoas (a caminho para a mística dos olhos abertos).

Estamos num momento em que necessitamos de sonhos, visão e audácia. E nele temos de exorcizar o medo, o cinismo, a dúvida. "Homens e mulheres de pouca fé (*oligopistia*), por que duvidais?" (Mt 14,31). A vida não para. Outra comunidade é possível.

"Cada cristão e cada comunidade discernirá qual é o caminho que o Senhor nos pede, mas todos somos convidados a aceitar esse chamado: sair da própria comodidade e atrever-se a chegar a todas as periferias que necessitam da luz do Evangelho" (*Evangelii gaudium*, 20).

Rua Dona Inácia Uchoa, 62
04110-020 – São Paulo – SP (Brasil)
Tel.: (11) 2125-3500
http://www.paulinas.com.br – editora@paulinas.com.br
Telemarketing e SAC: 0800-7010081